Des sourires et des hommes

OUVRAGE PUBLIÉ SOUS LA DIRECTION
DE JEAN-LOUP CHIFLET

Département de Mango Littérature,
4, rue Caroline, 75858 Paris Cedex 17.
ISBN : 2-913588-51-4

Claude Gagnière

Des sourires et des hommes

Mots & Cie

Sommaire

Avant-propos 7

Alexandre Dumas 9

Alphonse Karr 23

Alphonse Allais 31

Cami 41

Sacha Guitry 49

Georges Feydeau 61

Félix Fénéon 67

Gaston de Pawlowski 73

Georges Courteline 79

Tristan Bernard 89

Pierre Dac 99

Francis Blanche 109

Bibliographie 117

Du même auteur :

Tout sur tout, France-Loisirs, 1986.

Pour tout l'or des mots, collection « Bouquins », éditions Robert Laffont, 1996.

Entre guillemets, dictionnaire de citations, éditions Robert Laffont, 1996.

Versiculets et texticules, épigrammes et madrigaux, éditions Robert Laffont, 1999.

Le Bouquin des citations, 10 000 citations de A à Z, collection « Bouquins », éditions Robert Laffont, 2000.

La Fable express, d'Alphonse Allais à Boris Vian, le Cherche Midi, 2002.

Avant-propos

Claude Gagnière était un homme bon, affable, prévenant et chaleureux. J'écris « étais » et non « est », avec beaucoup d'émotion, car il est mort ce matin, au moment même où je m'apprêtais à rédiger cet avant-propos.

Depuis quelques mois, il se gaussait de ce « crabe » qui le gênait quelque part dans les entrailles et qui prétendait lui rendre la vie impossible, ou plutôt la mort possible. Il l'évoquait avec courage et humour, cette forme de « politesse du désespoir », comme disait Georges Duhamel, tout en expliquant avec moult détails comment il allait sans doute réussir à se débarrasser de cet encombrant crustacé qui l'empêchait de terminer le présent ouvrage.

Il y a un an, j'avais demandé à Claude de me faire l'honneur de commettre un livre pour Mots et Cie. Il accepta avec son enthousiasme habituel en me proposant de faire revivre une vingtaine d'hommes d'esprit à travers des anecdotes biographiques insolites et amusantes. Il partait du principe qu'ils étaient souvent injustement négligés dans les programmes scolaires et que si, par hasard, les enseignants daignaient les mentionner, c'était pour ne citer que leurs écrits les plus ennuyeux. « *De Rivarol,* me disait-il, *l'homme le plus spirituel de son époque, nos potaches ne connaîtront que le très ennuyeux Discours sur l'universalité de la langue française ! Hélas !* » Et d'ajouter : « *Comme tout le monde, j'ai appris à lire dans un abécédaire : A comme avion, B comme bébé, etc. Je voudrais vous proposer A comme Allais, B comme Bernard (Tristan), C comme Courteline, D comme Dac...* » Il n'eut le temps de rédiger qu'une douzaine de ces « biographies ». Manquent à l'appel : Eugène Labiche, Henri Monnier, Jules Renard, Willy, Oscar Wilde et Rivarol.

Nous aurions pu ne pas faire paraître ce petit livre, somme toute inachevé, mais la famille de Claude Gagnière a souhaité qu'il soit néanmoins publié. Qu'elle en soit ici remerciée au nom de tous les amoureux des mots que ce collectionneur passionné de citations et d'anecdotes a tellement enchantés à travers ses nombreux ouvrages.

Claude se plaisait à citer Alphonse Allais qui parlait fort joliment de ses œuvres « anthumes » par opposition aux œuvres dites « posthumes ». Soyez rassuré, cher Claude, si l'on en croit vos lecteurs qui vous regrettent tant aujourd'hui, votre renommée était bien anthume, même si vous n'avez pas pu vous empêcher de nous offrir ce dernier petit clin d'œil posthume avec *Des sourires et des hommes*.

George Bernard Shaw disait : « *La vie est trop courte pour être prise au sérieux.* » Nous aurions préféré que la vôtre soit plus longue, mais dormez tranquille, car nous ne l'aurions pas prise au sérieux pour autant !

JEAN-LOUP CHIFLET
le 12 septembre 2003

ALEXANDRE DUMAS
(1802-1870)

À peine écrit-on son nom que les termes « géant », « ogre sympathique » viennent spontanément à la plume.

On crédite le père Dumas de 90 pièces de théâtre, et d'environ 200 romans auxquels il conviendrait d'ajouter une trentaine de livres de mémoires… C'est dire la puissance d'imagination, la diversité du génie de cet homme qui a choisi de ne s'intéresser dans l'Histoire qu'aux destinées sublimes et aux événements exceptionnels. Mais à la vérité historique simple et nue, il préféra toujours la légende.

L'accuse-t-on de violer l'Histoire qu'il rétorque : « *Qu'importe, pourvu que je lui fasse de beaux enfants !* »

Dans l'œuvre gigantesque qu'il a laissée, il est permis de se demander si le roman le plus extraordinaire, le plus invraisemblable, le plus riche en généreuses extravagances, n'est pas en définitive l'histoire même de sa vie, son existence étant en effet le point culminant d'une dynastie qui s'étend sur quatre générations et où l'on rencontre successivement quatre Alexandre et trois Dumas.

• DUMAS, PUISSANCE TROIS

1) Alexandre Davy de la Pailleterie, qui s'attribuait volontiers le titre de marquis, régnait en maître débonnaire sur une plantation de Saint-Domingue. Il ne détestait pas partager sa couche avec les plus belles de ses esclaves noires. Un jour de l'an 1762, Cessette, jeune esclave « du Mas », donna naissance à un gros garçon qu'on prénomma Alexandre, comme son père. Mais, celui-ci ayant refusé de le reconnaître, on l'appellera tout simplement « du Mas » ou « Dumas », comme sa mère. Quelques années plus tard, le marquis de la Pailleterie rentre en France, emmenant Alexandre Dumas, son jeune fils, avec lui.

2) Le petit, faute de mieux, embrassera la carrière militaire. Il faut dire que c'est un soldat magnifique ! D'abord dragon de la reine, puis soldat de la République, il s'engage dans les armées de la Révolution. Il épouse Marie-Louise Labouret, une jeune lingère de Villers-Cotterêts, qui lui donnera deux fils, puis, le 24 juillet 1802, un garçon qu'on prénommera Alexandre.

En quelques années, le père franchit tous les échelons d'une carrière fulgurante. Le général Dumas est un cavalier de haute taille au teint de métis, couvert de décorations récoltées sur les champs de bataille de l'Europe. Doué d'une force herculéenne, il s'amuse parfois, à la demande de ses camarades, à s'accrocher à une poutre et à soulever son cheval qu'il tient serré entre ses jambes.

Mais le général Dumas parle trop et, pendant

l'expédition d'Égypte, il se laisse aller à critiquer l'ambition de Bonaparte ; celui-ci ne le lui pardonnera pas. Mis en demi-solde, et de plus rongé par un cancer de l'estomac, il meurt le 28 février 1806, alors que son fils, le jeune Alexandre Dumas, n'est âgé que de quatre ans.

3) Cet Alexandre-là est doué pour la chasse, l'aventure, les exercices physiques, et montre d'étonnantes dispositions pour la lecture que son maître d'école, l'abbé Grégoire, s'efforcera de combler. Après avoir vu jouer à Soissons une pièce de Shakespeare, l'adolescent ne rêve que de théâtre. Avec un ami, il fait une fugue de cinq jours à Paris au cours de laquelle il est présenté à l'illustre Talma qui, le plus sérieusement du monde, lui touche le front. *« Alexandre Dumas, je te baptise poète au nom de Shakespeare, de Corneille et de Schiller. »* Il est persuadé qu'il va devenir célèbre à son tour et il obtient de sa mère qu'elle l'autorise à aller travailler à Paris en en lui jurant de revenir à Villers-Cotterêts s'il n'a pas trouvé d'emploi dans les quinze jours.

Pour sa belle écriture, il est engagé au secrétariat du duc d'Orléans, le futur Louis-Philippe. Grâce à cet emploi, il convainc sa mère de venir vivre à Paris avec lui. Dans les bois de Meudon, il séduit Marie-Catherine Labay et se met en ménage avec elle. Le voici avec deux foyers sur les bras !

4) Le 27 juillet 1824, Marie-Catherine accouche d'un beau garçon, déclaré « né de père inconnu » et baptisé, lui aussi, Alexandre – qui deviendra célèbre sous le nom d'Alexandre Dumas Fils. La dynastie est au complet. La pièce peut commencer !

• Morte... Adèle ?

La carrière théâtrale d'Alexandre Dumas débuta tambour battant, à l'image de tout ce que va entreprendre ce diable d'homme. En trois pièces, le voici devenu l'un des chefs de file de l'école romantique, au même titre qu'Hugo, son ami souvent et son rival parfois.

Sa première pièce, *Christine*, est acceptée à la Comédie-Française, mais ne sera pas représentée car ce « parvenu », proche de Louis-Philippe, le nouveau roi des Français, agace et suscite envie et jalousie.

On ne parle que de lui, de ses maîtresses – on en a recensé trente-quatre – et des enfants, en nombre au moins équivalent, qu'il a semés au hasard de ses mariages, de ses amours, de ses passades.

On se raconte ses exploits, ses colères, ses rires, on se répète ses mots, on énumère ses folles dépenses, son appétit de gloire et son appétit tout court. On dirait qu'il a disposé à lui seul de plusieurs vies pour avoir ainsi tout vu, tout fait, tout connu, et récolté autant d'amis.

La deuxième pièce, *Henri III et sa cour*, sera un énorme succès. Quant à la troisième, *Antony*, créée le 3 mai 1831 à la Porte Saint-Martin, elle marque – au même titre que l'*Hernani* de Victor Hugo – l'acte de naissance du théâtre romantique français : c'est à la fois l'enthousiasme et le scandale ! Les spectateurs montent sur les fauteuils, hurlant les noms des deux comédiens et de l'auteur. On leur arrache leurs boutons, leurs habits... La folie !

Le sujet du drame tient en quelques lignes : Antony, bâtard au cœur sombre et fier, aime d'un amour sans espoir Adèle, jeune femme noble. Après avoir lutté contre l'attirance qu'elle éprouve, elle finit par se donner à lui dans une chambre d'auberge. Prévenu par des lettres anonymes, le mari accourt. Au moment où leur forfait va être découvert, Antony a l'idée folle d'épargner à son amante le déshonneur et la honte. La porte enfoncée, le mari découvre Adèle expirante, poignardée par Antony qui s'accuse fièrement : « *Adèle... morte ? Elle me résistait, je l'ai assassinée !* » Ultime réplique qui assura définitivement le triomphe de la pièce. Mais, un soir, un régisseur novice eut la mauvaise idée de baisser le rideau après le coup de poignard, sans attendre que l'acteur Bocage ait eu le temps d'articuler sa fameuse réplique. Furieux, il se retire dans sa loge. Le public trépigne : il veut sa dernière réplique...

C'est alors que Marie Dorval, qui joue le rôle d'Adèle, ressuscite, s'avance sur le devant de la scène et dit très simplement : « *Je lui résistais, il m'a assassinée.* » Satisfait, le public lui fait un véritable triomphe.

• LA SUITE AU PROCHAIN NUMÉRO...

Cette formule, née en 1829, consacre la réussite du roman-feuilleton. En effet, Alexandre Dumas, déçu par l'insuccès de ses dernières pièces, décide d'écrire davantage de romans historiques pour la presse.

Aidé par son collaborateur Auguste Maquet, qui se charge des recherches historiques, il va transcender le genre. Le 45, rue de la Chaussée-d'Antin, où il loge, devient une véritable ruche où ses chefs-d'œuvre immortels vont voir le jour. La France et l'Europe se les arrachent : *Les Trois Mousquetaires*, *Le Comte de Monte Cristo*, *Le Chevalier de Maison-Rouge*, *La Dame de Montsoreau*. Tout ce qu'il touche se transforme en or. Sa réussite suscite une jalousie qui le chagrine, mais qu'il fait semblant d'ignorer. Un imbécile, nommé Eugène de Mirecourt, lance même contre lui un pamphlet intitulé *Fabrique de romans : Maison Alexandre Dumas et Cie*.

Ces collaborateurs de l'ombre, qu'on nommait jadis en argot littéraire des « teinturiers », on va désormais les baptiser, en son honneur, des « nègres ».

À quelqu'un qui lui disait, un jour :

– Il est vrai que vous vous y connaissez en nègres !

Dumas rétorqua :

– En effet, mon père était un mulâtre, mon grand-père était un nègre et mon arrière-grand-père était un singe. Comme vous le voyez, Monsieur, ma famille commence là où finit la vôtre !

• As-tu vu Monte Cristo ?

Alexandre Dumas père était l'homme de toutes les folies. On peut encore admirer, superbe comme au premier jour, la plus folle de ces folies, le château qu'il s'était fait bâtir, *Monte Cristo*, en bas de la colline de Saint-Germain, sur la colline de Port-Marly, où il avait acheté sur un coup de foudre un terrain en pente dominant la Seine.

– Que désirez-vous y bâtir ? lui demanda Durand, son architecte.

– Je veux un château Renaissance au milieu d'un parc anglais et, en face, un pavillon gothique entouré d'eau, et comme il y a des sources, je veux des cascades !

– Impossible ! C'est une colline de glaise ; votre château va glisser dans la Seine.

– Vous n'avez qu'à creuser jusqu'au roc et vous ferez deux étages de sous-sol.

– Mais ça va coûter une fortune. Au moins deux cents mille francs !

Et Dumas de répliquer, superbe :

– Je l'espère bien !

C'est ainsi que sa vie de nabab débuta. Chaque soir, une foule d'intellectuels, de dandies, de femmes du monde, de théâtreuses, se ruait au château où le maître de maison tenait table ouverte. Une armée de cuisiniers et de domestiques faisait face à grand-peine à l'invasion des pique-assiettes. Lorsque l'intendant, le matin, demandait à Dumas combien il fallait prévoir de personnes pour le souper, il s'entendait répondre :

– J'en ai invité huit... Fais pour trente !

Il avait bien de la peine à retrouver ses amis au milieu des gigolos et des demi-mondaines qui se passaient l'adresse de bouche à oreille. Entrebâillant, un soir, la porte de la salle à manger, Dumas dit à un ami :

– Allons-nous-en d'ici, je ne connais personne !

Le romancier avait beau écrire nuit et jour, dans le pavillon gothique qu'il s'était réservé, il ne parvenait jamais à faire face à ce train de vie royal, à ce pillage organisé. Comme les créanciers et les huissiers se présentaient de plus en plus régulièrement, il fallut bien se résoudre à vendre...

Heureusement, la nature avait doté Dumas d'un heureux caractère et d'une grande bonté. Il était généreux et se montrait incapable d'en vouloir longtemps à quelqu'un.

Un matin, on vint le solliciter pour qu'il participât à l'achat d'une couronne destinée à un huissier mort dans la misère. On lui demandait un louis.

– Pauvre homme ! Tenez, voilà deux louis... Vous n'aurez qu'à en enterrer deux.

Une autre fois, il fut cité comme témoin dans l'affaire Beauvallon, qui compromettait des personnalités du monde du théâtre. Le président du tribunal de Rouen, où se plaidait l'affaire, procéda à l'interrogatoire habituel : nom, prénom, âge, adresse, avant de lui demander :

– Votre profession ?

Dumas répondit :

– Je dirais auteur dramatique, si j'osais employer ce terme dans la ville du grand Corneille.

Devant cette feinte humilité, le président rétorqua :

– Il y a des degrés dans toutes les professions.

Une jeune comédienne, qui lui succéda à la barre des témoins, voulut remettre à sa place ce président, qu'elle avait trouvé un peu cavalier vis-à-vis de Dumas, qu'elle admirait beaucoup.

À la question :

– Votre profession ?

Elle répondit :

– Pucelle, si j'ose employer ce terme dans une ville où on les brûle !

• À TABLE

Alexandre Dumas – son tour de taille en témoignait – adorait la table et ses plaisirs. Certes, il mangeait comme un ogre, mais de la façon la plus raffinée qui soit. Son bonheur, après une journée de travail, était de souper, parmi les hommes intelligents, les jolies femmes, les lumières et les fleurs.

– Non seulement on a au souper plus d'esprit qu'ailleurs, plus d'esprit qu'aux autres repas, mais encore on a un autre esprit. Je suis sûr que la plupart des jolis mots du XVIIIe siècle ont été dits en soupant.

L'esprit, hélas, n'est pas toujours au rendez-vous, comme cette soirée où l'un de ses amis avait demandé à Dumas, au moment où il quittait la table d'un ministre :

– Alors, la soirée s'est-elle bien passée ?

– Je vais vous faire un aveu, cher ami : heureusement que j'étais là, sans quoi je m'y serais fort ennuyé !

• DUMAS ET SES MELONS

Pour juger à quel point extrême il poussait la gastronomie, il suffit de rappeler cette recette – sûrement fantaisiste – qu'on lui attribue, celle du filet d'anchois à la Dumas… en se souvenant qu'on ne prête qu'aux riches !

Glissez un filet d'anchois enroulé dans une olive dénoyautée. Mettez l'olive à l'intérieur d'un merle, le merle dans une caille, la caille dans un faisan. Faites entrer le faisan dans une dinde, puis la dinde dans un cochon de lait. Faites rôtir sur feu de bois. Le vrai gourmet ne mangera que l'anchois.

La plus belle anecdote – dont il est le héros à la fois gastronomique et littéraire – est celle de ses melons. Modeste chef-lieu du canton du Vaucluse, la ville de Cavaillon peut, à juste titre, s'enorgueillir d'être la seule au monde à posséder, dans son musée municipal, la totalité des œuvres originales d'Alexandre Dumas, dédicacées par leur auteur. Si chacun connaît Cavaillon comme l'incontestable patrie du melon, bien peu, en revanche, sont ceux qui savent que l'on y cultive aussi la bibliophilie.

Un jour, le père Dumas, au sommet de sa gloire, eut la surprise de trouver dans son courrier une lettre du Conseil municipal de Cavaillon dans laquelle le responsable culturel lui faisait part de l'ouverture prochaine d'une bibliothèque publique et priait respectueusement le grand romancier de lui indiquer les titres des deux ou trois de ses romans qu'il considérait comme les meilleurs…

« Car, ajoutait-il, la Commune n'est pas très riche et, malgré notre désir d'acquérir d'autres romans de vous, nous ne pouvons aller au-delà… »

Dumas répondit aussitôt :

« Je suis l'auteur de cinq ou six cents volumes que j'aime tous d'un amour égal, comme un père ses enfants. Si je juge mes livres bons, je trouve excellents les melons de Cavaillon. C'est pourquoi je vous fais la proposition suivante : je vous enverrai une collection complète de mes œuvres si le Conseil municipal veut bien me voter une rente viagère de douze melons. »

Le marché fut aussitôt conclu dans l'enthousiasme et scrupuleusement respecté par les contractants.

Voici comment les romans qu'écrivait Dumas se transformaient pour lui en savoureux bonheurs de bouche.

« *Je n'ai jamais rien mangé,* écrivait le romancier, *de plus frais, de plus succulent et de plus sapide que les melons de ma rente et je profite de cette occasion pour désigner à toute l'Europe les melons de Cavaillon comme les meilleurs que je connaisse.* »

Si, depuis Cendrillon, on savait qu'il était à la portée de la première fée venue de transformer une citrouille en carrosse, on découvrait avec Dumas, ce magicien, qu'il était possible d'obtenir des melons à partir d'in-quarto, évidemment dorés… sur tranches !

• Dumafice

Il n'est jamais facile d'être le fils d'un grand homme. Mais porter le nom d'Alexandre Dumas Fils relevait de l'exploit quotidien. Ce qui n'arrangeait rien, c'était que les deux hommes étaient très dissemblables. Le père représentait la joie de vivre, l'envie de mordre à l'existence à pleines dents. Face à cet optimiste extraverti, qui aimait chaque femme qui passait, qui gagnait des millions pour les dépenser aussitôt, le fils, lui, ne semblait pas doué pour le bonheur. À seize ans, il avait souffert de voir son père se séparer de sa mère. Cette situation l'avait tellement frappé que son œuvre théâtrale et romanesque n'en finit pas de développer le thème de la fille séduite et abandonnée et de l'enfant naturel.

Dumafice – comme il lui arrivait de signer – souffrait de la conduite de son père. Parfois, il soupirait :

– Mon père est un grand enfant que j'ai eu lorsque j'étais tout petit.

Les deux hommes ne cessaient de se quereller. Il leur arrivait même de rester longtemps sans se voir… ce qui ne les empêchait pas d'éprouver l'un pour l'autre une tendresse infinie. Un jour, le père dit à son fils :

– Te voilà grand ! Ne crois-tu pas que le moment est venu pour toi de prendre femme ?

– La femme de qui, Papa ?

« *Un père a deux vies,* écrira Jules Renard : *la sienne et celle de son fils.* » Le Père Dumas ne fera pas exception à la règle et chacun des triomphes de son fils lui causera autant de plaisir que si c'était le sien. Il faut en effet savoir que la renommée du fils n'avait pas tardé à éclipser celle du père. Et pourtant jamais celui-ci n'en conçut la moindre rancœur.

À la sortie d'un triomphe théâtral de Dumas Fils, un spectateur se précipite vers le père.

– Quel succès ! On reconnaît bien là votre patte !

– Rien d'étonnant à cela : c'est moi qui ai tout fait.

– Vous avez écrit la pièce ?

– Non, mais j'ai fait l'auteur !

La Dame aux camélias, que le fils écrivit à vingt-trois ans puis qu'il adapta pour le théâtre, fut, comme on le sait, le plus grand triomphe du XIXe siècle.

L'Académie française accueillit son auteur alors qu'il n'avait pas encore cinquante ans, et qu'elle s'était toujours refusée à ouvrir ses portes au père.

Une dame demanda à Dumas Fils :

– Si vous êtes élu à l'Académie, à qui allez-vous succéder ?

– À mon père, répondit-il.

Et c'est à son père qu'il rendit hommage dans son discours de réception.

Aujourd'hui, la postérité a remis les vraies valeurs à leur place : le Fils est presque oublié alors que le Père vient d'entrer triomphalement au Panthéon.

Le poète Hugo, lui, ne s'y était pas trompé : *« Le père, c'est le génie, le fils, c'est tout le contraire : c'est le talent, autant de talent qu'on peut en avoir, mais rien que le talent ! »*

À l'humour torrentiel et dévastateur du père, le fils opposait l'esprit, souvent sec et glacé, mais de la meilleure veine. Après la première de Charlotte Corday de Ponsard, il improvisa ce quatrain sur Marat :

C'est ainsi qu'il périt !
Ô ciel ! Quelle vengeance !
Pour un bain qu'il a pris,
Il n'a pas eu de chance !

Ses reparties acerbes blessaient parfois ceux qu'elles visaient. À un critique, aussi bête que méchant, qui lui reprochait d'avoir écrit la phrase : « *Un vide douloureux qu'occasionnent les moments de faiblesse* », et qui insistait :

– Quelle singulière image ! Expliquez-moi donc, Dumas, comment une chose vide peut être douloureuse ?

Dumas réplique :

– Rien de plus simple, mon cher. N'avez-vous jamais eu mal à la tête ?

En 1865, le Père ne résista pas au plaisir d'écrire ce *Grand Dictionnaire de cuisine*, recueil d'improbables recettes et d'anecdotes amusantes auxquelles il rêvait depuis longtemps. Voici quelques débuts de recettes :

• *Conseils aux ménagères à court d'idées : achetez quinze estomacs de jeunes requins et mettez-les à tremper 24 heures.*

• *Prenez soixante langues de lapins pour six personnes...*

• *Prenez un ou plusieurs pieds de jeunes éléphants, enlevez la peau et les os après les avoir fait dégorger pendant 4 heures à l'eau tiède...*

C'est pendant l'été 1870 qu'il commença à ressentir des malaises. Sa main se mit à trembler. Il partit se réfugier chez son fils, à Puys, près de Dieppe.

– Me voilà ! Je viens mourir chez toi ! Je n'ai pas peur de la mort. Elle me sera douce. Je lui raconterai des histoires !

Et c'est ainsi que, le 5 décembre 1870, il glissa paisiblement dans l'autre monde. C'est le jeune Anatole France qui terminera le *Grand Dictionnaire de cuisine*.

ALPHONSE KARR
(1808-1890)

S'il est un nom qui autorise, qui sollicite même, les pires calembours, c'est bien le sien. Ses amis – et à plus forte raison ses ennemis – ne lui ont fait grâce d'aucun, depuis les flatulences attendues, « Karpette » ou « Karotte », jusqu'aux jeux de mots plus étudiés comme « Karr-rosse », « Karr-ma-gnole » ou « Karr-avance et raille ».

Jean-Baptiste Alphonse Karr naquit le 24 novembre 1808 à Paris dans une famille d'origine germanique. Au lycée Condorcet – ci-devant collège Bourbon –, il est un élève très brillant, quoique fort indiscipliné. À seize ans, il engage contre l'un de ses professeurs un combat qu'il remporte aux points, mais qui lui vaut d'être reconduit vers la sortie.

Amoureux d'une Camille qui habite son immeuble, il se lance en son honneur dans l'écriture d'un roman, *Sous les tilleuls*. Sans doute n'écrit-il pas assez vite, car lorsqu'il vient offrir le manuscrit du premier tome à la mignonne, celle-ci est déjà fiancée à un autre ! Changement de ton dans le deuxième tome qui se termine en récit nécrophile : « *Quand je serai morte, viens dire adieu à mon cadavre ; viens me donner un baiser d'amour sur ma bouche morte.* » Le succès impressionnant du livre le console en partie de ses peines de cœur, mais il n'oubliera jamais ce premier amour.

Alphonse Karr n'est pas beau, les cheveux coupés ras, il a une tête de faune aux oreilles pointues, mais il est grand (1,76 m, ce qui est beaucoup pour l'époque) et bien découplé.

Les maîtresses et les romans se succèdent...

• KARR NÉ MONDAIN

Il sera notamment, pendant toute une année, le précurseur de Victor Hugo dans le lit et les bras de la belle Juliette Drouet. Un roman, *Une heure trop tard*, témoigne de l'ardeur de cette liaison.

Il se laisse piéger par une belle-mère sans scrupule, épouse sans amour une femme qui le ruinera et lui donnera une fille qu'il se refusera toujours à reconnaître. Afin de ne plus « entendre » ses dettes tant elles sont criantes, il fuit Paris et se réfugie à Étretat, un trou perdu à l'époque. Il pêche, il jardine, il écrit.

En 1839 – 22 siècles après Aristophane ! –, il fonde une revue qu'il baptise *Les Guêpes*, qui se propose de raconter l'actualité satirique, en dehors de toute ambition et sans esprit de parti. On s'arrache ce pamphlet mensuel qui tire à 20 000 exemplaires. Pleines de traits piquants, de pensées acérées, *Les Guêpes* sont une source intarissable d'anecdotes.

Chaque fois qu'il abandonne provisoirement Étretat

pour les mondanités parisiennes, il retrouve ses amis qui sont les célébrités de l'époque. Au XIXe siècle, les salons étaient le ferment de la vie intellectuelle : auteurs à la mode, journalistes brillants, grands noms et grosses fortunes y côtoyaient les femmes les plus belles ou les plus spirituelles. Alexandre Dumas, entre autres, était très recherché par ces égéries pour l'éclat et la gloire que sa présence communiquait à leurs réceptions. L'ennui était que le monde littéraire était d'un format plutôt réduit, et l'on y rencontrait toujours les mêmes. Après avoir été des amis très proches, Dumas et Karr s'étaient fâchés pour on ne sait quelle obscure raison… mais tous deux continuaient à fréquenter les mêmes adresses. Heureusement, le premier arrivait tôt, de façon à pouvoir écrire ensuite tout le reste de la nuit. L'autre, au contraire, ponctuel comme une montre suisse, avait l'habitude de se présenter à minuit pile. Cette manie permettait à Dumas de placer en partant ce mot qu'il adorait :

– Permettez-moi, chère Madame, de prendre congé. J'entends que minuit et Karr sonnent !

• KARR… ROSSERIES

On doit à Alphonse Karr cette forte pensée : « *Les savants sont des gens qui, sur la route des choses inconnues, s'embourbent un peu plus loin que les autres.* » Maurice Donnay confirmera quelques décennies plus tard : « *Il n'est ici-bas que des ignorants. Ceux qu'on appelle savants sont des gens de qui l'ignorance présente quelques lacunes.* »

On aura compris que la réputation d'infaillibilité des savants commençait à avoir du plomb dans l'aile.

Excédé par la prétention de quelques archéologues, Alphonse Karr eut l'idée plaisante de tester leurs connaissances et d'en faire profiter les lecteurs des *Guêpes*. En 1846, il envoya à M. Weiss, de l'Académie des Inscriptions et Belles Lettres, la copie d'une plaque gallo-romaine mise à jour dans son jardin de Montmartre. Voici ce qu'on pouvait y lire :

R.E.S.
E.R.
V.O.
I.R.

Le vieux savant répondit qu'il s'agissait bien d'une phrase latine de quatre mots que les Romains, à leur habitude, avait abrégée en ne retenant que les premières lettres. Cette inscription prouvait que l'administration romaine avait participé à des travaux d'adduction d'eau dans ce secteur : *Respublica Erigere Voluit ad Irrigandum* (*la République a voulu construire – sous-entendu : cet ouvrage – pour l'irrigation*). Alphonse Karr se confondit en remerciements avant de révéler à l'archéologue que les recherches qu'il avait menées de son côté lui avaient permis de conclure que l'inscription signifiait simplement RÉSERVOIR et que la plaque avait été apposée en 1842 par la Compagnie des Eaux !

Karr avait en horreur tout ce qui n'était pas naturel et il détestait par-dessus tout le genre de célébrité surfaite qui devait plus à la « réclame » qu'au talent. Un de ses amis avait réussi à l'entraîner au concert d'un jeune prodige de sept ans qui donnait trois œuvres pour piano de Beethoven. Chez les Karr, la musique était affaire de famille ; le père avait été virtuose chez les frères Érard. Après le premier morceau, Karr applaudit de bon cœur. À la fin du deuxième, il se contenta de frapper consciencieusement dans ses mains. Après le troisième, il se croisa ostensiblement les bras.

– Son interprétation ne t'a pas plu ? s'inquiéta l'ami.

– Au contraire..., répondit Karr. Mais, vois-tu, ce garçon n'est plus aussi jeune maintenant qu'au début du concert !

• Karr-naval de Nice

Alphonse Karr avait la tripe très républicaine. Déjà, il n'appréciait guère le prince-président Louis Napoléon Bonaparte... Mais lorsque celui-ci se fit proclamer empereur en 1851, il dénonça vigoureusement le coup d'État dans un livre avant de s'exiler... à Nice qui, à cette époque-là, appartenait aux États sardes du roi Victor-Emmanuel. Lui qui, jusque-là, n'avait vécu que de sa plume de romancier ou de l'aiguillon de ses *Guêpes*, dut s'inventer de nouvelles sources de revenus. Il se lança dans l'horticulture et imagina de concurrencer Gênes qui avait en Europe le monopole du commerce des fleurs coupées. Il y réussit de façon éclatante. En un rien de temps, il se constitua une clientèle de premier ordre où les princes du Gotha et les rois en exercice côtoyaient les grands personnages de la littérature et de la peinture. Il avait acquis un très grand terrain à la périphérie de Nice, dans un endroit encore désert.

Il avait là comme voisin le prince Oscar de Suède, dont l'intelligence n'avait qu'un très lointain rapport avec la richesse de sa bibliothèque. Un jour, Alphonse Karr, désireux d'approfondir un point de botanique, fit respectueusement demander au prince la permission de lui emprunter un ouvrage de Linné.

La réponse le déçut.

– Que monsieur Karr vienne lire chez moi tout ce qu'il lui plaira, mais je ne prête jamais mes livres.

À quelque temps de là, le jardinier du prince, ayant besoin d'un arrosoir, vint en faire la demande à Alphonse Karr.

– Que le prince Oscar vienne arroser chez moi autant qu'il le souhaitera, mais je ne prête jamais mes arrosoirs.

La ville de Nice connaissait dans ces années-là une expansion foudroyante. Le terrain de Karr fut exproprié et son propriétaire, la rage au cœur, abandonnant Nice à son sort de grande ville, dut chercher un nouveau port d'attache. Il dénicha, dans un minuscule port de pêche inconnu du nom de Saint-Raphaël, une petite bâtisse, ancienne fabrique de savon, au milieu d'un vaste espace en friche. Il baptisa sa nouvelle demeure « La Maison close », qui devint bientôt célèbre dans la France entière. *« L'air ici,* écrivait-il à un ami, *se compose d'oxygène, d'azote, de chants d'oiseaux et de parfums. »* À un autre : *« Vous plantez un soir votre canne dans le jardin ; le lendemain, vous la retrouvez couverte de roses. »*

À l'une de ses amies qui s'était piqué le doigt en

cueillant une rose, il offrit ce quatrain en guise de consolation :

Sous leur meilleur côté, tâchons de voir les choses.
Vous vous plaignez de voir les rosiers épineux.
Moi, je m'en réjouis et rends grâces aux dieux
Que les épines aient des roses !

Avec un tel zélateur, le nom de Saint-Raphaël se répandit parmi l'intelligentsia parisienne. Il fut, désormais, de bon ton de se ruer à la belle saison dans cette succursale du Paradis.

C'est dans cet Éden qu'Alphonse Karr vécut heureux jusqu'à l'âge de 82 ans, écrivant ses *Guêpes* et jardinant ses roses. Le 30 septembre 1890, il fut emporté en quelques jours par une fluxion de poitrine. Quatre mille personnes se pressaient à son enterrement dans le petit cimetière de Saint-Raphaël qui, en vertu de la loi du premier occupant, porte son nom. En avril 1906, la ville de Saint-Raphaël inaugura la statue d'Alphonse Karr. Elle lui devait bien ça !

Modeste, il avait prédit : « *Que restera-t-il de moi plus tard ? Peut-être six ou huit petites phrases !* » Il n'avait pas tort.

La plus connue est, de toutes, la plus contestable, celle qu'évoquent toujours les partisans de la peine de mort : « *Supprimer la peine de mort ? Soit ! Que Messieurs les assassins commencent !* » Mais sait-on que c'est lui l'auteur de cette phrase devenue très célèbre : « *Plus ça change, et plus c'est la même chose !* »

– On compare les fleurs aux femmes. On a tort. Il y aura toujours entre elles cette différence que les fleurs sont belles… et ne le savent pas.

– Il y a deux manières d'être riche : élever son revenu au niveau de ses désirs, abaisser ses désirs au niveau de son revenu.

– On diminue la taille des statues en s'en éloignant, celle des hommes en s'en approchant.

– Ne pas honorer la vieillesse, c'est démolir la maison où l'on doit coucher le soir.

– Tout le monde veut avoir un ami – personne ne s'occupe d'en être un.

– L'amour, dit-on, donne de l'esprit aux bêtes, c'est sans doute celui qu'il ôte aux gens d'esprit.

– Les femmes devinent tout, elles ne se trompent que quand elles réfléchissent.

– On ne lit guère en France, mais, en revanche, tout le monde écrit.

– Dites-moi donc, ma chère, depuis quand les jeunes gens de vingt ans sont si ridicules ?

– Mon ami, c'est depuis que vous avez quarante-cinq ans.

Quoi ? C'est tout, dira-t-on, pour un auteur qui a tant écrit ? À cela, on rétorquera qu'il est des philosophes illustres dont on serait bien en peine de citer une seule petite phrase !

ALPHONSE ALLAIS
(1854-1905)

Ceux qui croient aux vérités de l'horoscope quotidien et à l'influence des astres sur la destinée de l'homme apprendront avec satisfaction que le 20 octobre 1854, une curieuse conjonction de planètes permit à deux génies de la littérature de venir au monde : à Charleville naissait un petit Arthur dans la famille Rimbaud, cependant qu'à Honfleur, un garçon blond prénommé Charles-Alphonse faisait son entrée dans la vie au premier étage de la pharmacie Allais.

Une même absence de sérieux marque l'existence des deux écrivains, ces jumeaux astrologiques. *« On n'est pas sérieux quand on a dix-sept ans »*, versifiait Arthur, tandis qu'Alphonse, lui, s'efforça d'apporter la preuve, tout au long de sa vie, qu'il manquait de la sagesse la plus élémentaire, et ce pour la plus grande joie de ses admirateurs.

Il ne fait aucun doute qu' Alphonse Allais fut le premier humoriste français, et pas seulement dans l'ordre alphabétique.

À la fin du XIXe siècle où le rire se portait gras de

préférence et où les calembours pesaient des tonnes, il avait inventé un humour, logique et glacé, très proche de l'humour britannique et qui annonçait – mais en tellement plus drôle ! – toute la littérature française de l'absurde.

En principe, rien ne vieillit plus vite qu'une œuvre drôle. Pourtant les contes et les « mots » d'Allais continuent, un siècle plus tard, de déclencher le rire et l'émerveillement. Tant cet humour, étonnant d'actualité, n'a pas pris une ride.

Peut-on imaginer que le jeune Allais, qui écrivit une œuvre de plus de cinq mille pages, ne prononça pas un mot jusqu'à l'âge de trois ans... sans doute parce que son enfance était parfaitement heureuse et qu'il n'avait aucune réclamation à formuler ? Mais le jour où il se décida enfin à parler, ce fut à la perfection. Après des études paisibles et sans gloire excessive, il entreprit de faire son apprentissage à la pharmacie paternelle. Deux ans plus tard, il poursuivait son stage à Paris avant d'effectuer son service militaire au 119e de ligne. C'est alors que le soldat Allais se signala par quelques hauts faits qui lui valurent d'entrer dans la légende. Il se rendit célèbre parmi ses camarades pour s'être écrié : *« Bonjour M'sieurs Dames »* en entrant dans une salle remplie d'officiers supérieurs.

Lorsque son colonel accorda une permission de nuit aux hommes mariés, le soldat Allais disparut pendant 24 heures. Il se justifia en disant qu'il avait droit à une perm' de jour plus une de nuit parce qu'il était bigame.

Il avait pris l'habitude d'appeler ses supérieurs *carporal, carpitaine, cormandant*, ce qui lui valut d'être considéré comme un idiot et d'avoir la paix.

Il abandonne bientôt la pharmacie pour se lancer dans le journalisme et la littérature. Il fait ses débuts à Paris, en roulant du tambour au célèbre cabaret du *Chat noir*.

Il fera partie du Club des Hydropathes (littéralement, ceux à qui l'eau fait du mal) qui est, en 1878, l'un des centres du mouvement littéraire. Les Hydropathes se scindent en deux écoles, les Hirsutes et les Fumistes dont Allais devient le chef. Il collabore au *Journal du Chat noir* avant d'en devenir le rédacteur en chef. Il ne cessera plus dès lors d'écrire des contes dans *le Rire*, *le Sourire* et *le Journal* où il animera avec une verve étourdissante une rubrique régulière qu'il a appelée *La Vie drôle*.

Ce sont les « combles » qu'il a publiés dans *l'Hydropathe* qui lui valent un début de célébrité. On se répète en se frappant les cuisses ses plus belles trouvailles :

– *Quel est le comble de la politesse ? S'asseoir sur son derrière et lui demander pardon.*

– *Quel est le comble du cynisme ? Ne pas sortir de chez soi et jouer sur son piano toutes les heures et toutes les demies pour faire croire aux voisins qu'on a une pendule.*

– *Quel est le comble de la bonté d'âme ? Refuser qu'on frappe les carafes et qu'on pende la crémaillère...*

Lorsqu'il était jeune journaliste, Alphonse Allais avait pris l'habitude, chaque mois, de venir trouver le caissier du journal et de lui dire :

– Bonjour ! Je viens toucher MON appointement.

Après quelques mois, le caissier ne put s'empêcher de lui faire remarquer qu'on devait dire MES appointements.

– Oui, c'est vrai ! répondit Allais, mais je ne vais quand même pas déranger le pluriel pour si peu de chose !

Ses principaux livres sont des recueils de contes : *À se tordre* (1891) – 8 000 exemplaires vendus en un mois –, *Vive la vie* (1892), *Pas de bile* et *Le Parapluie de l'escouade* (1894), *Deux et deux font cinq* (1895), *On n'est pas des bœufs* (1896), *Le Bec en l'air* (1897), *Amours, délices et orgues* (1898), *Pour cause de fin de bail* (1899), *L'Affaire Blaireau* (1899), *Ne nous frappons pas* (1900), *Le Captain Cap* (1902).

À ce qu'il a nommé fort joliment ses « œuvres anthumes », on doit ajouter ses « œuvres posthumes », *À l'œil* (1921) et *Les Templiers* (1952).

Mais il faudrait également citer les énormes blagues dont ce prince des farceurs ne cessait d'émailler sa vie.

Assis à la terrasse d'un café, il crie au garçon :

– Garçon ! Un Picon grenadine... et un peu moins de vent, s'il vous plaît !

Un jour où, avec ses amis, il se trouvait par hasard dans la minuscule gare de Dozulé-Putot, il fit venir le chef de gare.

– Je tiens à vous féliciter, vous avez là une ravissante petite gare. Vous auriez cela rue Saint-Lazare, à Paris, vous auriez un monde fou !

Voyageant en Belgique, il envoya à l'un de ses amis un bouchon sur lequel il avait gravé ces simples mots : « *Souvenir de Liège* ».

Répondant avec trois mois de retard à une lettre de Tristan Bernard, il lui écrivit : « *Excuse-moi d'avoir tant tardé à te répondre mais, quand ta lettre est arrivée, j'étais au fond du jardin.* »

Il se présenta chez un notaire qui avait un terrain à vendre. Il demanda à voir la propriété.

– Très bien. J'en prendrai pour deux sous.

– Quoi ? Deux sous ? s'écria le notaire stupéfait.

– Oui, expliqua Allais. Je n'ai pas besoin de tout ce terrain, il me faut seulement de quoi faire une pipe, une pipe en terre. Et vous m'avez affirmé que la vôtre était de première qualité.

Un jour, Allais, au restaurant, étudie la carte. Le garçon vient prendre sa commande.

– Pour commencer, je prendrai une faute d'orthographe.

– Pardonnez-moi, Monsieur, mais il n'y en a pas !

– Alors, pourquoi, dans ce cas, les mettez-vous sur le menu ?

Car Allais ne plaisantait pas avec l'orthographe. Il se moquait allé… grement de tous ceux qui prétendaient la réformer.

« *La Kestion de la réform de lortograf est sur le tapi. Naturelman il y a déjan qui se voil la fass kom sil sajicé de kelk onteu sacrilèj. Dôt-z-o contrer trouv ça trè bien. Kom de just, je fu lun dé premié intervioué. Mon cher mêt parci, mon cher mêt palà, ke pancé vou de cett réform ? Ce ke jan pens, cé tré simpl : je la trouve exélante…* »

Dans son appartement au 24, rue Royale, il avait rassemblé quelques belles pièces qui constituaient son musée personnel :

– Une tasse avec anse à gauche pour les gauchers ;

– Le crâne de Voltaire enfant ;

– Un véritable morceau d'une des nombreuses fausses croix authentiques de Notre Seigneur Jésus-Christ.

Il avait aussi dédicacé certains livres de sa bibliothèque du nom de personnages illustres : *« À Alphonse Allais, avec le regret de ne pas l'avoir connu »* – et il avait signé : *Voltaire.*

Alphonse Allais avait reçu une solide formation scientifique qui le conduira à s'intéresser, et cette fois le plus sérieusement du monde, à la photographie en couleur, à la synthèse du caoutchouc et au café soluble par lyophilisation pour lequel il déposera un brevet.

À côté de ces travaux, il mit au point une foule d'inventions d'une incontestable utilité. Il est dommage que l'on n'ait pas jugé bon d'en poursuivre la réalisation :

– Des prairies verticales permettant aux girafes de brouter plus facilement ;

– Un appareil à détacher la moutarde des parois du pot à moutarde ;

– Une matraque cintrée pour frapper sur le dos des bossus ;

– Des balayeuses municipales à rouleau de papier buvard pour assécher les rues après la pluie ;

– Un aquarium en verre dépoli pour poissons timides.

Un jour qu'il se promenait à Londres, il chercha – en vain – l'un de ces édicules trop rarement présents dans les rues de Grande-Bretagne. Il entra dans une pharmacie.

– Faites-vous des analyses d'urine ?

– Yes, sir, of course.

– Alors, dit Allais, donnez-moi vite un bocal, stérilisé, naturellement !

Allais remplit le bocal et annonça qu'il repasserait le soir même. Il ne revint jamais. Il n'avait aucun besoin d'analyse d'urine. C'était simplement un besoin tout court !

Mais cet homme dont les contes faisaient rire la France entière était un homme lugubre. Personne ne se souvenait de l'avoir vu rire et, lorsqu'il plaisantait, c'était avec un air sinistre.

Comme il écrivait la plupart du temps au café, il s'adonna vite à l'absinthe qui, en ce temps-là, faisait des ravages. Sacha Guitry disait de lui qu'il ne l'avait « *jamais vu ivre, jamais dégrisé.* »

En 1905, Alphonse Allais se retrouva victime d'une grave phlébite. Le docteur lui ordonna six mois de lit. Il préféra se lever et aller au café. Le 27 octobre, il rencontra un ami et lui demanda de le reconduire à l'hôtel Britannia, 24, rue d'Amsterdam, où il habitait, en l'absence de sa femme.

– Demain, je serai mort, lui dit-il. Vous trouvez ça drôle, mais moi, je ne ris pas. Demain, je serai mort !

Le lendemain matin, 28 octobre, vers 8 heures, il mourait d'une embolie foudroyante. Il avait cinquante et un ans. On l'enterra au cimetière de Saint-Ouen. Sa tombe disparut en 1944, au cours d'un bombardement allié sur la gare de La Chapelle, qui n'est séparée du cimetière que par la largeur d'une rue. Il n'est rien resté de sa tombe, pas même un éclat de marbre...

Ainsi disparut corps et biens celui qu'on avait pris, pendant sa vie, pour un farceur, et qui, les années passant, se révéla avoir été l'un des hommes essentiels de la Belle Époque. « *C'était un grand écrivain* », déclara Jules Renard, peu suspect d'indulgence lorsqu'il s'agissait de style.

Alphonse Allais a rétabli l'équilibre de l'univers en traitant avec désinvolture des sujets les plus sérieux et en dissertant avec gravité sur les choses les plus légères. Il restera sans doute comme un philosophe beaucoup plus important que Kant, Spinoza et Jean-Paul Sartre. Naturellement, c'est aussi un humoriste.

Voici quelques immortels échantillons de la pensée philosophique allaisienne.

LA MÉTAPHYSIQUE

– *Dieu a agi sagement en plaçant la naissance avant la mort : sans cela, que saurait-on de la vie ?*

– *L'homme est plein d'imperfections, mais on ne peut que se montrer indulgent si l'on songe à l'époque où il fut créé.*

LE GÉOPOLITICIEN

– *Ce qui frappe le plus le voyageur quand il arrive à Venise, c'est l'absence totale de parfum de crottin de cheval.*

– *Les Italiens sont un peuple tellement musicien qu'au lieu de dire 20 sous comme chez nous, ils disent : une lire.*

– *L'Angleterre est une ancienne colonie normande qui a mal tourné.*

– *Je ne comprends pas les Anglais ! Tandis qu'en France nous donnons à nos rues des noms de victoires :*

Wagram, Austerlitz..., là-bas, on leur colle des noms de défaites : Trafalgar Square, Waterloo Place...

L'ÉCONOMISTE

– Il faut demander plus à l'impôt et moins au contribuable.

LE SPÉCIALISTE DE L'ÉDUCATION

– (À un enfant turbulent) : Il est des jours où l'absence d'ogre se fait cruellement sentir.

– Les familles, l'été venu, se dirigent vers la mer en y emmenant leurs enfants. Dans l'espoir souvent déçu de noyer les plus laids.

LE PHILOSOPHE

Tout est en tout et vice-versa.

CAMI
(1884-1958)

Drôle de nom pour un écrivain ! CA-MI... ces deux syllabes malicieuses – et qui autorisent tant de jeux de mots – évoquent davantage le pseudonyme d'un caricaturiste ou d'un clown (on va voir qu'il fut l'un et l'autre) que le nom d'un plumitif décidé à s'illustrer dans la carrière littéraire. Et pourtant, il s'appelait vraiment CAMI, Pierre, Louis, Adrien, Charles, Henri, et vit le jour le 20 juin 1884 à Pau – et à poil – dans une famille de petits bourgeois.

Les études l'ennuient, mais il lit tout ce qui lui tombe sous la main. À quatorze ans, il se rêve toréador ; il est bien le seul, car les toros ne l'entendent pas de cette oreille, ni, encore moins, des deux !

Alors il écrit des vers et joue de petits rôles dans des pièces d'amateur ; le gentil succès qu'il y remporte lui donne envie de devenir comédien et de « monter » à la conquête de la Capitale. Sans regret, il quitte Pau, cette ville dont, disait-il, « le magnifique casino, fermé toute l'année, empêche les hivernants de se coucher tard. »

Hélas ! tout n'est pas simple et le jury du

Conservatoire, trouvant son accent béarnais peu compatible avec la sonorité de l'alexandrin classique, lui ferme la porte au nez. Il se rabat sur l'Odéon où on lui confie des rôles de bègue, de cocu ou – consécration suprême – de muet.

• Exercices de stèle

Aux Capucines, il tenta d'imposer un personnage de comique replet en chapeau melon et redingote noire, accompagné d'un antique parapluie, une sorte de Charlot bien nourri. Événement déterminant dans son existence : il se maria, ce qui l'obligea à rechercher une occupation plus lucrative. Le journalisme l'attirait. Sa silhouette d'ordonnateur de pompes funèbres le conduisit tout naturellement à créer *le Petit Corbillard illustré*, organe corporatif et humoristique des Pompes funèbres.

À lui tout seul, il rédigea la quasi-totalité des articles du journal qu'il illustra de ses propres dessins.

Dès le deuxième numéro, il lança un « Grand concours de funérailles amusant et facile ». Il s'agissait de deviner quelles allaient être les plus belles obsèques de l'année en cours ; le premier prix étant, comme il se doit, un enterrement de première classe !

Cami acquit une grande popularité auprès des croque-morts qui, leur service terminé, acceptaient volontiers de le raccompagner en corbillard jusqu'au siège du journal... c'est-à-dire chez lui ! Il avait poussé la conscience professionnelle jusqu'à habiter rue Etex, un appartement tranquille et sinistre donnant sur le cimetière Montmartre. Le *P.C.I.* atteignit le septième numéro avant de sombrer corps et biens, le jour de la Toussaint.

Bien des années plus tard, on put retrouver dans les articles de *Hara-Kiri* l'humour noir et grinçant qui avait été la marque de fabrique du *Corbillard*.

• Camicalement vôtre

Cami ne resta pas longtemps sans emploi. Paul Reboux et Charles Muller, les célèbres pasticheurs de *À la manière de...*, qui avaient remarqué ses talents d'humoriste, le firent entrer au *Journal* où, pendant plus de vingt ans, il tiendra la rubrique de *La Vie drôle* qu'avait créée Alphonse Allais.

Dès lors, il ne cessera plus d'écrire. On s'arrachait sa collaboration : au *Rire*, à *l'Excelsior*, à *Paris-Soir*, au *Merle blanc*, au *Petit Parisien* et même – encore un Cami casé ! – à *l'Illustration*, un magazine sur papier glacé qui ne brillait pourtant pas par sa fantaisie et son espièglerie. Partout, il impose son style fait d'humour noir, de loufoquerie et d'absurde, de calembours énormes laborieusement amenés. Il est le précurseur de toute une génération d'humoristes. De Cavanna à Raymond Devos, de Gomez de la Serna au professeur Choron, d'André Frédérique à Francis Blanche, d'Ionesco à Roland Dubillard... tous lui doivent quelque chose. Entre la très sérieuse philosophie de l'absurde d'Albert Camus et les délirantes absurdités de Cami, il n'existe aucun rapport, même lointain... et pourtant, il est permis de se demander si le nom du second ne serait pas la forme génitive du premier !

Michel Laclos, qui fut le biographe affectueux de Cami et s'efforça de le tirer de l'oubli profond où il était tombé, nous décrit sa vie de forçat de l'écriture, de stakhanoviste de l'invention et du gag : toute la journée et une partie de la nuit à sa table de travail, sans jamais sortir de chez lui, se soutenant grâce aux cigarettes qu'il fumait à la chaîne. Lorsque Charlie Chaplin vint en France, il demanda, à la surprise générale, à rencontrer Cami qu'il considérait « comme le plus grand humoriste *in the world* ».

Aucun des deux ne comprenait l'autre, ce qui ne les empêchait pas de rire ensemble comme des gamins. Les trouvailles géniales de Cami enchantèrent aussi les surréalistes, les dadaïstes et, plus tard, les pataphysiciens. Ils le revendiquèrent comme un des leurs pour sa logique délirante, son imagination cocasse et ses pieds de nez au vocabulaire.

• La semaine camique

Les titres de ses publications sont autant de petits chefs-d'œuvre qui donnent le ton de l'ensemble :

DUPANLOUP ou les prodiges de l'amour

QUAND J'ÉTAIS JEUNE FILLE, mémoires d'un gendarme

LA CEINTURE DE DAME ALIX, roman à clef

LE SCAPHANDRIER DE LA TOUR EIFFEL

LE POILU AUX MILLE TRUCS

POUR LIRE SOUS LA DOUCHE

LES AMOURS DE MATHUSALEM

CHRISTOPHE COLOMB ou l'œuf à voiles
VIERGE QUAND MÊME !
LE FILS DES TROIS MOUSQUETAIRES
VENDETTA ou une aventure corsée
L'HOMME A LA TÊTE D'ÉPINGLE
Etc., etc.

Chaque semaine, un public conquis d'avance attendait, hilare, les *Aventures de la famille Rikiki* ou les facéties de *La Semaine camique*.

Inspiré par les *Aventures du Baron de Münchausen*, il leur donne une suite avec *Les Exploits galants du Baron de Crac*.

Dans *Le Calvaire d'une mère ou la persévérance récompensée*, la prostituée qu'on nomme « l'aveugle joyeuse » retrouve enfin « le bon vieillard », le père de son enfant.

Seul survivant d'une bataille meurtrière à coups de pois chiches, l'héroïque soldat de plomb a le courage de fanfaronner : « Le pois chiche qui doit me tuer n'est pas encore poussé ! »

Dans *Jonas ou l'amour en baleine*, on trouve une scène haletante :

– Monsieur le commissaire, ma femme me trompe dans le ventre d'une baleine !

Effectivement, sur le constat d'adultère dressé à cette occasion, on apprend que, dans la garçonnière en forme de baleine que l'amant a édifiée dans son jardin, il récite, costumé en Jonas, aux genoux de sa belle, des vers enflammés. Ivre de colère, la mari outragé plonge son parapluie dans le ventre du séducteur. Le médecin appelé d'urgence retire l'arme du crime. Hélas !

un morceau du parapluie est resté dans la blessure. Force est de se rendre à l'évidence : il y a une baleine dans le ventre de Jonas. C'est là que l'on prend conscience à quel point Cami est prêt à des efforts laborieux de mise en scène et de dramatisation pour en arriver à ce genre de calembour !

Dans une saynète dont Robinson Crusoé est le héros, on assiste au dialogue suivant :

– *Vendredi :* Bonjour mon bon maître !

– *Robinson :* Brave Vendredi ! Ta petite famille est-elle toujours en bonne santé ?

– *Vendredi :* Oui, mon maître. Mon petit Mercredi a été un peu souffrant lundi, mais comme il a la bonne santé de son papa Vendredi, dès mardi, Mercredi était complètement rétabli !

Autre dialogue :

– Vous auriez dû m'avertir, dit le touriste à l'agent immobilier, que le chalet que vous m'avez loué était entouré de crevasses.

– Mais, c'est un chalet tyrolien ! Un trou là, un trou là, et un trou là itou !

À noter enfin que tous les personnages de Cami exercent des métiers pour le moins originaux : *accordeur de castagnettes, accordeur de participes, perceur de mystères, tailleur au regard oblique, ramoneur de volcans, fabricant de locomotives en chambre, cul-de-jatte presse-papiers dans un bureau, broyeur de noir, casseur de faux-cols, tailleuse de bavettes,* et l'inénarrable *cloueur de choucroute* dont le travail consiste à planter des clous de girofle dans les choucroutes avec un marteau de feutre mou...

La vie de Cami se termina comme l'un de ses contes, sur un calembour macabre. Il devenait sourd et on venait de l'amputer d'une jambe. Il eut le courage de plaisanter : « *Tout va bien ! Depuis ce matin, j'ai un pied dans la tombe... et comme je deviens sourd, je n'entendrai pas sonner ma dernière heure !* »

À 74 ans, le 3 novembre 1958, il rendit l'âme, au moment où on lui retirait sa seconde jambe et qu'il se préparait à ressembler à ces culs-de-jatte qui lui avaient inspiré tant de dessins drôles.

SACHA GUITRY
(1885-1957)

Il arrive parfois qu'un anniversaire puisse en cacher un autre. La célébration, en 1985, du centième anniversaire de la naissance de Sacha Guitry est passée, hélas ! presque inaperçue car cette même année, on commémorait la mort du Père Hugo, qui monopolisa l'attention du public et la ferveur des médias. Injuste postérité ! Sacha, qui fut pourtant l'un des premiers auteurs dramatiques du XXe siècle, eût pourtant mérité un hommage moins discret.

Espérons que les énarques qui cuisinent les bouillons de notre culture lui redonneront une chance en 2007 pour le cinquantenaire de sa mort. Sacha aura bien mérité cette session de rattrapage.

Paul Léautaud lui avait dit : « *Vous êtes notre Molière !* » et pourtant il n'était pas seulement auteur et comédien, il était aussi cinéaste, journaliste, romancier, moraliste et, à l'occasion, dessinateur, sculpteur et publicitaire. Comme Cocteau, il était un « touche-à-tout de génie ».

Sculpteur ? « *Je n'ai sculpté que trois bustes dans ma*

vie, disait-il. *Le premier était un buste de Jules Renard, le deuxième était un buste de Jules Renard, et le troisième aussi.* »

Publicitaire ? C'est lui qui baptisa et trouva le slogan d'un déjeuner soluble au chocolat qui fit fureur dans les années trente, Eleska : *K.K.O. L.S.K. C.S.Ki.*

Dessinateur ? À 18 ans, pour se faire un peu d'argent de poche, il avait publié un recueil de caricatures où l'on trouvait, croquées d'un trait de professionnel, des personnalités comme Tristan Bernard, Jules Renard, bien sûr, Anatole France, Monet, Marguerite Moréno ou son inséparable Pauline Carton qui jouera les bonnes dans toutes ses pièces.

Cinéaste ? Le cinématographe était encore balbutiant lorsque Sacha eut l'idée géniale, en 1915, de filmer dans leur vie de tous les jours les gloires de l'époque. Sans lui, on n'aurait jamais pu découvrir les gestes de Sarah Bernhardt, d'Edmond Rostand, de Degas, de Monet en train de peindre, de Rodin sculptant, de Saint-Saëns, d'Octave Mirbeau et de bien d'autres. Il réunit ces témoignages inestimables parce qu'uniques dans un film intitulé *Ceux de chez nous*.

Sacha Guitry tourna en tout 38 films. La critique leur réservait généralement un accueil assez tiède car elle ne voyait en eux que du théâtre filmé. Heureusement, des cinéastes de talent comme Truffaut, Resnais, Godard ou même Orson Welles rendirent hommage à ses trouvailles ainsi qu'au modernisme de son écriture cinématographique. Ils ne manquèrent jamais de le saluer comme un grand précurseur et de lui témoigner leur reconnaissance.

Mais Guitry fut, avant tout, un incomparable auteur dramatique et un prodigieux comédien, et toute son existence – vaudeville ou tragédie – va se dérouler sous le signe du théâtre.

• « Mon nom était fait : je me suis fait un prénom. »

Guitry, Alexandre, Pierre, Georges est né à Saint-Pétersbourg, le 21 février 1885, au n° 12 de la Perspective Nevski. En ce temps-là, l'aristocratie du monde entier parlait le français et nos comédiens se faisaient acclamer dans les grandes capitales. C'est ainsi que Lucien Guitry, qui allait devenir l'un des monstres sacrés de l'époque, avait été engagé au Théâtre impérial Michel pour assurer la saison d'hiver. Il avait signé pour neuf années consécutives. Sa jeune épouse, Renée de Pont-Jest, faisait partie de la troupe, mais elle n'eut guère l'occasion d'y montrer ses talents, car à peine avait-elle accouché d'un fils prénommé Jean que, onze mois plus tard, elle mettait au monde son petit frère Alexandre. Le bébé était si laid que Lucien Guitry crut devoir consoler sa jeune femme : « *C'est un monstre ! Mais ça ne fait rien, nous l'aimerons bien tout de même !* »

La nourrice – sa « mamka » – était russe et n'appelait le petit Alexandre que Sacha. Le surnom lui resta. Pendant cinq ans, les frères Guitry passèrent leurs hivers en Russie et leurs étés en France. Existence de rêve pour des gosses dont le père, au lieu de travailler comme tous les pères, passait son temps à jouer et à se déguiser.

Hélas ! Lucien Guitry, comédien modèle, était un mari déplorable. Sa femme demanda le divorce et, en attendant le jugement, garda les enfants avec elle. Chaque dimanche, le père venait les embrasser. Il arriva un jour vêtu d'une ample cape et proposa à Sacha de venir avec lui acheter des gâteaux. Le fiacre, au lieu de s'arrêter devant une pâtisserie, continua jusqu'à la Gare de l'Est. Le père, dissimulant l'enfant sous sa cape, rejoignit la cabine qui lui était réservée dans le train de Saint-Pétersbourg. Lucien Guitry venait de kidnapper son fils.

Six mois plus tard, la saison d'hiver terminée, Sacha retrouva sa mère et son frère à Paris. Le temps des jeux révolu, le moment était venu d'entrer à l'école. Sacha s'y laissa traîner en faisant preuve d'une incoercible mauvaise volonté. Dans la poursuite de ses études, il parvint à établir une sorte de record du genre, en se faisant renvoyer successivement de douze écoles et en se révélant incapable de dépasser le niveau de la classe de sixième.

Le premier établissement qui eut le privilège de l'accueillir quelques mois fut le Lycée Janson-de-Sailly. Il cessa d'y aller après qu'un professeur lui eut intimé l'ordre de ne revenir en classe qu'après avoir fait cent lignes. Lorsqu'en 1934, Janson-de-Sailly fêta son cinquantième anniversaire, Sacha Guitry fut invité à présider les cérémonies. Il avait préparé une allocution qui faisait juste cent lignes.

– Les voici ! dit-il, avec quarante ans de retard !

Il se vengera d'ailleurs de ses tourments de lycéen par un « mot » devenu célèbre et dont il avait le secret : *« Les écoles sont des établissements où l'on enseigne à des enfants ce qu'il leur est indispensable de savoir pour devenir des professeurs.* »

Dans la vie de Sacha Guitry adolescent, seuls comptaient son père et, bien entendu, les amis de son père. Ils étaient cinq inséparables qui s'étaient baptisés « les Mousquetaires ». Plusieurs fois par semaine, Lucien Guitry recevait à dîner dans son appartement du 26, place Vendôme, Tristan Bernard, Alfred Capus, Jules Renard et Alphonse Allais. Sacha ne pouvait rêver meilleure école d'intelligence et d'esprit.

Lorsqu'il déclara à son père qu'il souhaitait faire du théâtre, Lucien Guitry lui réserva un accueil assez tiède. Pourtant, un jour, il lui proposa un petit rôle dans une pièce en costumes qu'il avait montée : *La Bonne Hélène*. Sacha, qui jouait le rôle du beau Pâris, sous le pseudonyme – imposé par son père – de Lorcey, arriva un soir avec un retard de vingt minutes. Les spectateurs s'impatientaient. Il se précipita sur la scène, en oubliant de coiffer sa perruque, avec un casque qui lui descendait jusqu'aux yeux. Le fou rire s'empara des acteurs qui eurent du mal à terminer la pièce. Lucien Guitry, furieux, lui infligea cent francs d'amende. Sacha, qui ne gagnait que dix francs par soirée, trouva la punition excessive. Le père et le fils se fâchèrent. On était le 29 janvier 1905. Ils ne se revirent que treize ans plus tard.

• « N'AYANT PAS EU D'ENFANT, JE SUIS RESTÉ UN FILS. »

Sacha Guitry connut son premier grand succès avec *Nono* en décembre 1905. Il se maria avec Charlotte

Lysès, une comédienne plus âgée que lui et qui avait été un temps la maîtresse épisodique de son père, Lucien Guitry. Leur mariage, le 14 août 1907, tenait de la farce. Le maire s'était déplacé, croyant avoir à marier un mourant. Sacha, grimé en blanc, jouait les moribonds en pyjama. *« On a dit,* écrivit-il, *que j'étais en pyjama vert et rose. Quelle folie ! J'étais tout simplement en pyjama bleu et blanc. »*

Dès lors, la vie sentimentale de Sacha va ressembler à une charade où l'on détaillerait : ma première, ma seconde, etc.

Il divorcera de Charlotte Lysès, la « première », en 1918, pour se remarier l'année suivante, le 10 avril 1919, avec Yvonne Printemps. Ces deux-là, pendant plus de dix ans, incarneront avec bonheur l'esprit et le charme de Paris.

Sacha Guitry concevait sa vie privée comme une pièce de théâtre et, sur scène, poursuivait le dialogue avec son épouse du moment. De ses histoires de cœur, il faisait des pièces de théâtre et vivait ses amours successives comme les différents actes d'une même pièce. Le personnage qu'il s'était fabriqué pour la scène se prolongeait à la ville. Lorsqu'il aura, un jour, un théâtre à lui, il fera transporter sur la scène des tableaux ou des meubles lui appartenant.

Il imposait au théâtre un ton neuf, un style nonchalant et spirituel, où les bons mots font oublier dans un éclat de rire les situations les plus scabreuses.

Un après-midi de 1918, alors qu'il se préparait à jouer sa pièce *Deburau*, il apprit que son père avait retenu une loge. Lucien Guitry repartit aussitôt le rideau tombé, mais il chargea le bon Tristan Bernard d'apporter une lettre à Sacha : *« Je vous attends à déjeuner demain. »* Ce fut la réconciliation après une si longue brouille. *« Et maintenant, fais-moi vite une pièce ! »* demanda-t-il à son fils. Sacha se mit aussitôt au travail et écrivit *Pasteur* où Lucien Guitry trouva l'un de ses meilleurs rôles. La fille de Louis Pasteur vint voir le grand acteur dans sa loge.

– Mon papa ! s'écria-t-elle en découvrant Guitry qui achevait de se grimer.

– Non ! Mon papa ! répondit Sacha en souriant.

Dès lors, on ne vit plus le père sans le fils. Les noms de Lucien Guitry, de Sacha Guitry et d'Yvonne Printemps ne quittèrent plus les affiches de théâtre. Sacha écrivit encore pour célébrer leur réconciliation *Mon père avait raison*. Le père et le fils connaîtront sept années de bonheur entre leurs retrouvailles passionnées et la mort de Lucien, victime lui aussi d'une phlébite alors qu'il jouait depuis 53 jours la nouvelle pièce de Sacha : *On ne joue pas pour s'amuser*. Il mourut quelques jours plus tard. Ses derniers mots furent : « Et Sacha ? »

En 1932, comme dans un quadrille bien réglé, où l'on frappe dans les mains en disant : « Changez de partenaire ! » Yvonne Printemps quitte Sacha pour Pierre Fresnay qui, lui-même, abandonne Berthe Bovy. *« Elle est partie, enfin ! Enfin me voilà seul. C'était, depuis bien des années, mon rêve. Je vais donc enfin vivre seul ! Et déjà, je me demande avec qui »*, prétendait-il non sans cynisme, avant d'ajouter : *« Il ne faut jamais épouser que de très jolies femmes si nous voulons qu'un jour on nous en délivre. »*

Ainsi, Jacqueline Delubac fait son entrée à la fois dans la vie de Sacha et dans ses pièces. « *Il n'y a rien entre mademoiselle Delubac et moi... pas même une chemise !* » feignait-il de démentir avant de l'épouser, le 21 février 1935, le jour de ses cinquante ans. « *J'ai le double de son âge*, plaisantait-il, *il est donc juste qu'elle soit ma moitié !* » Évidemment, ils ne tardèrent pas à se fâcher et se séparèrent en 1939. Comme Jacqueline Delubac retourna vivre chez sa mère qui était venue habiter en face de l'hôtel particulier de Sacha, celui-ci fit ce commentaire : « *Nous fûmes longtemps côte à côte, puis dos à dos et maintenant, nous voici face à face.* » Sans attendre, il se remaria, avec Geneviève de Séréville qui sera la première et la seule autorisée à porter le nom de Guitry.

Il ne lui restait plus qu'à épouser sa cinquième (ou sa dernière) femme, Lana Marconi, à qui il dira : « *Les autres ont été mes épouses ; vous, vous serez ma veuve !* »

Tout en ajoutant, en lui prenant les mains : « *Les voici, ces belles mains qui fermeront mes yeux et ouvriront mes tiroirs.* »

De son père Lucien Guitry, Sacha avait hérité le bel hôtel particulier au 18, avenue Élisée-Reclus, situé au bord du Champ-de-Mars. C'était bien là la demeure d'un homme de théâtre : aussi fastueuse que mal commode. À l'architecte qui s'enquérait de ses désirs, Lucien s'était borné à répondre : « *Je veux un escalier !* »

Sacha s'accommoda parfaitement de ce temple à sa démesure. Depuis l'âge de 20 ans, il avait la passion des collections : l'hôtel particulier se transforma peu à peu en musée. Au lieu de payer les impôts importants que lui réclamait le fisc (« *Louis XIV n'a jamais demandé à*

Molière de payer des impôts », déclara-t-il à Edgar Faure, ministre des Finances de l'époque), il acheta des tableaux de maîtres – Rembrandt, Cézanne –, des éditions originales, des manuscrits, des autographes, le gilet de Robespierre ou l'écharpe de Clemenceau, des bustes de Rodin, etc.

C'est ainsi qu'il devint l'un des rois de Paris. Les imitateurs copiaient sa voix et, comble de la gloire, les chansonniers moquaient sa suffisance et son égoïsme. À leurs piques, il en opposait de bien plus acérées…

« Pauvres sots qui me reprochez ma façon de dire " Moi ". Si vous étiez de mes intimes, vous sauriez comment je dis " Toi " . »

« Si ceux qui disent du mal de moi savaient exactement ce que je pense d'eux, ils en diraient bien davantage. »

• QUATRE ANS D'OCCUPATIONS…

Viennent alors les années de la guerre et de l'Occupation. Sacha faisait tellement partie du paysage parisien que la seule idée de vivre ailleurs que dans la Capitale lui était insupportable. « Vivre », pour lui, ne se concevait qu'en écrivant et en jouant des pièces.

Suspecté de collaboration, il fut arrêté le 23 août 1944. On put mesurer alors la haine dont il était l'objet. Chacun sait qu'en France, on pardonne difficilement la réussite et le succès, et c'est ainsi que tous les aigris, les envieux qui avaient été ses obligés lui tournèrent le dos. On l'insulta, on le frappa, on lui cracha au visage, on cria même « À mort ! » sur son passage. Un juge l'inculpa d' « intelligence avec l'ennemi », faute de trouver le moindre fait matériel à lui reprocher. Il resta enfermé soixante jours à Fresnes.

Cette épreuve lui inspira cette réflexion : « *Non, non ! N'être jamais parmi ceux qui haïssent. Tâcher d'être plutôt parmi ceux que l'on hait. On y est en meilleure compagnie.* »

Malgré le non-lieu qui le blanchissait définitivement de tout soupçon, il vécut des jours terribles, abandonné de tous – à l'exception de quelques fidèles courageux –, banni du théâtre comme un pestiféré, dans son hôtel de l'avenue Élisée-Reclus, où, chaque soir, à 21 heures, il frappait pour lui seul les trois coups, sur sa table, avec son crayon…

C'est pendant cette période de solitude qu'il écrivit un livre de souvenirs, *Quatre ans d'occupations*, titre dont le pluriel fit évidemment enrager ses ennemis.

Après qu'on lui eut enlevé les trois quarts de l'estomac, il dit en se réveillant au professeur Godard d'Allaines : « *Ah ! Docteur ! J'ai bien failli vous perdre !* » Malgré la maladie, il se remit au travail et mena un dur combat pour reconquérir les faveurs du public. Ses sources d'inspiration n'avaient pas changé : les femmes et la France…

Son cœur était en piteux état et sa mauvaise circulation donnait des inquiétudes. Un soir, ses pieds étaient si enflés qu'il fallut découper ses escarpins à coups de ciseaux avant qu'il entre en scène. Ce qui n'était pas sans lui rappeler la mort de son père. Lorsqu'il fut incapable de jouer, il continua à diriger des films, assis sur un fauteuil roulant. Il souffrait terriblement. « *La morphine,* disait-il, *a été inventée pour que les médecins puissent dormir tranquilles.* »

Assailli aussi par les difficultés financières, il lui fallait, de temps à autre, se dessaisir d'un tableau, d'une pièce rare.

À la première de gala à l'Opéra de son film *Si Paris m'était conté*, il fut porté jusqu'à sa loge par des laquais en habit à la française. On l'acclamait, il saluait, on aurait dit un roi.

Lorsqu'il apprit que Paul Léautaud était mort dans la misère, Sacha Guitry se chargea de sa sépulture. Et puis, après un dernier film, *Assassins et voleurs*, il sortit à son tour définitivement de la scène.

Cinquante années de spectacle, un demi-siècle de vie parisienne, disparurent avec l'homme qui a peut-être personnifié mieux que quiconque l'esprit français.

L'une de ses dernières paroles s'adressait à sa femme : « *Ne me regarde pas, chérie, je ne suis plus un spectacle.* » Il mourut le 24 juillet 1957, à 4 heures du matin.

Ses trésors furent dispersés ; l'hôtel qui les renfermait tomba sous la pioche des démolisseurs. Mais, les mots de Sacha et son esprit continuent de nous accompagner.

– Ce qui, probablement, fausse tout dans la vie, c'est qu'on est convaincu qu'on dit la vérité parce qu'on dit ce qu'on pense.

– Cet homme vous ennuie ? Rendez-lui donc service et vous en serez donc débarrassé.

– Il y a des gens qui augmentent votre solitude en venant la troubler.

– C'est entre trente et trente et un ans que les femmes vivent les dix meilleures années de leur vie.

– Si les femmes savaient combien on les regrette, elles s'en iraient plus vite.

– Elles croient que tous les hommes sont pareils parce qu'elles se conduisent de la même manière avec tous les hommes.

– Tu as vingt ans. Si tu m'aimes, tu m'ôtes vingt ans. Si tu ne m'aimes pas, tu me les ajoutes.

– Une femme sur ses genoux avec laquelle on n'est plus d'accord, c'est lourd !

Guitry repose au cimetière Montmartre. « *Venez me dire bonjour avec quelques roses rouges,* avait-il dit, *et apportez-en quelques-unes pour Stendhal qui s'ennuie là-haut, tout seul !* »

GEORGES FEYDEAU
(1862-1921)

Sacha Guitry avait écrit sur Georges Feydeau cette phrase pleine d'admiration : « *Aucun homme, jamais, ne fut plus que lui favorisé par le destin. Il avait dans son jeu tous les atouts, la beauté, la distinction, le charme, le goût, le talent, la fortune et l'esprit.* »

• « LA VIE EST COURTE, MAIS ON S'ENNUIE TOUT DE MÊME ! »

Georges Feydeau naquit le 8 décembre 1862 d'Ernest Feydeau, romancier à la mode, et de Léocadie, une femme superbe, juive polonaise d'origine, très introduite dans le Tout-Paris. Il se murmurait que Feydeau père n'était pas le seul à partager la fidélité de son épouse. On apprit même plus tard qu'il y avait quelques chances pour que Georges fût le fils – tout ce qu'il y a de plus naturel ! – du duc de Morny, ou de Napoléon III soi-même.

L'adolescent, après une jeunesse dorée, ne se passionna guère pour les études ; il les envoya même carrément promener après avoir assisté à une représentation théâtrale. Dès lors, il n'eut plus qu'une idée en tête : devenir à son tour auteur de comédies.

À l'âge de vingt-quatre ans, il fit représenter *Tailleur pour Dames*, sa première pièce, avec laquelle il... se tailla un beau succès. Après quoi, il connut une suite d'échecs qui finirent par lui donner l'envie de cesser d'écrire pour devenir comédien. Faut-il voir un clin d'œil du destin dans le fait qu'il connut à nouveau le succès avec sa treizième pièce, *Monsieur chasse* ? Succès qui, dès lors, ne l'abandonnera plus et le consacrera prince du vaudeville...

Désormais, il écrira chaque année une pièce dont le triomphe fera de lui l'auteur le plus courtisé des propriétaires de théâtre.

À l'un de ceux-ci, un nommé Samuel, très négligé de sa personne, il suggéra :

– Maintenant que tu gagnes beaucoup d'argent avec ma pièce, tu vas pouvoir soigner ta toilette.

– Mais, qu'est-ce que tu crois, mon cher, je prends un bain tous les matins !

– Voilà qui est parfait ! Eh bien, maintenant, tu vas pouvoir changer l'eau !

Ses vaudevilles lui rapportèrent des fortunes, d'autant plus que la plupart d'entre eux étaient joués dans toutes les capitales d'Europe : *Champignol malgré lui* (mille représentations !), *Un fil à la patte*, *Le Dindon*, *Occupe-toi d'Amélie* et surtout l'immortelle *Dame de chez Maxim* * dont chacun connaît la fameuse réplique de la Môme Crevette :

– Et allez donc, c'est pas mon père !

C'est incontestablement lui qui a redonné un coup de jeune au vieux vaudeville qui commençait à s'essouffler. Il imprima à l'action un rythme échevelé et l'intrigue, sous son impulsion, devint une mécanique savante, alliant la précision de l'horlogerie au processus impitoyable du jeu d'échecs.

Il possèdait ce don de gaieté jaillissante et facile, de la bouffonnerie et de la turlupinade (qui lui faisait pourtant tellement défaut dans la vie). Ses personnages, toujours surpris en flagrant délit, semblent poursuivis par l'implacable fatalité d'une tragédie grecque. L'art de Feydeau est fait de catastrophes et, devant tant de malheurs qui s'abattent sur des innocents, le public ne peut que s'étrangler de rire.

« *Quand j'écris une pièce,* confiait-il à Tristan Bernard, *je cherche toujours parmi mes personnages quels sont ceux qui ne doivent à aucun prix se rencontrer... et ce sont ceux-là que je m'empresse de mettre en présence.* »

Le moindre détail chez lui a son importance. « *Sachez,* écrivait le critique Francisque Sarcey, que *dans une pièce de Feydeau, on ne pose pas en entrant son chapeau sur une chaise sans que je ne me dise : " Bon, ce chapeau n'est pas là pour des prunes ".* »

Malgré les triomphes, Feydeau n'était pas heureux : lui qui rêvait de gloire ne rencontra que le succès. Jamais il ne fut considéré comme un auteur classique, bien que la critique l'ait comparé à Molière ; il fut tout au plus un amuseur, même si ses pièces devinrent de grands classiques du théâtre.

Il épousa la très belle Marie-Anne, fille de

Carolus-Duran, le peintre à la mode. Cette peste lui fit mener une existence infernale et, par ses dépenses inconsidérées, ne fit qu'aggraver ses soucis financiers. Il n'avait pourtant pas besoin de cela, lui qui dilapidait les fortunes qu'il gagnait par un train de vie fastueux. Incapable de rentrer chez lui et de se coucher, il traînait à longueur de nuits son désenchantement, de souper en cabaret, de cercle en tripot, multipliant les maîtresses et entretenant son imagination avec le champagne et la cocaïne.

Las des scènes de ménage, il finit par s'installer à l'hôtel Terminus, à côté de la gare Saint-Lazare. Il y resta dix ans, poursuivi par les créanciers et les dettes de jeu qui s'accumulaient.

Ce qui devait arriver arriva et, le 11 février 1901, on vendit à la salle Drouot sa collection de tableaux : trente-deux Boudin, sept Sisley, six Monet, deux Corot, un Pissaro, etc.

C'est sa lamentable histoire conjugale qui lui inspira les farces en un acte qu'il écrivit à partir de 1908 : *Feu la mère de Madame*, *On purge Bébé*, *Mais n'te promène donc pas toute nue...*, autant de satires féroces et impitoyables de la bêtise bourgeoise.

À partir de la guerre, la verve de Feydeau se tarit peu à peu. Noceur vieillissant, séducteur sur le retour, on le surprit même, sur la fin de sa vie, à rechercher les faveurs des petits grooms.

Atteint de syphilis, la maladie du « cavaleur », il connut des troubles psychiques graves et ses enfants durent se résoudre à le faire enfermer dans une maison de santé à Saint-Germain où on le vit, de temps à autre, à quatre pattes brouter l'herbe du parc. Triste fin pour ce génie comique qui fit le bonheur de générations de spectateurs !

Heureusement, ses pièces sont toujours régulièrement jouées, et l'on y retrouve ses fameux dialogues, aussi cocasses qu'inoubliables :

• Un mari découvre sa femme nue dans la garçonnière de l'un de ses amis.

– *Toi ? Qu'est-ce que tu fais dans ce lit ?*

– *Je passais !*

• – *À la suite de mon fameux discours sur la question agricole, on est venu tout de suite m'offrir le portefeuille de... la Marine. Ministre de la Marine ? Hein ? Tu m'y vois ?*

– *Pas du tout,* répond sa femme. *Ministre de la Marine... tu ne sais même pas nager !*

• – *On n'achète pas les tableaux parce qu'on les aime, on les aime parce qu'on les achète.*

• – *Ah ! quel dommage qu'on ne puisse pas avoir un amant sans tromper son mari !*

• – *Les maris des femmes qui nous plaisent sont toujours des imbéciles !*

• – *Certains maris ne sont bons qu'à être cocus et encore faut-il que leurs femmes les aident.*

• – *J'ai perdu ma femme. Elle m'a été enlevée dans l'espace de cinq minutes.*

– *Enlevée ? Par une attaque d'apoplexie ?*

– *Non ! Par un militaire !*

• L'insupportable gamin d'une baronne à la cuisse légère se réfugiait sur les genoux de sa mère pour échapper à son père qui grommelait :

– Quel enfant ! Toujours fourré dans les jupes de la baronne !

– Hé, hé ! murmura Feydeau. *Il s'y fera de belles relations.*

• Et cette sublime évidence donnée par un personnage, surpris par une panne de lumière :

– Il fait noir comme dans une taupe !

* Feydeau n'obtint jamais du fameux restaurant – où il avait pourtant une table à demeure – l'autorisation d'utiliser pour son titre l'apostrophe et le « S » final de *Maxim's*.

FÉLIX FÉNÉON
(1861-1944)

Si le nom de Félix Fénéon ne dit rien aujourd'hui à personne, c'est parce que lui non plus, de son vivant, ne bavardait guère. Et l'ingrate postérité de juger « qu'il n'a que ce qu'il mérite ! »

Pas sûr, car l'exceptionnelle personnalité du bonhomme et l'influence considérable qu'il exerça sur l'art et la littérature de la fin du XIXe siècle auraient nécessité qu'on se souvînt parfois de lui. Mais est-il possible de le faire revivre, ne serait-ce qu'en quelques phrases ?

• Portrait

Il arborait une longue figure anguleuse que prolongeait vers le bas une étonnante barbiche et, vers le haut, le chapeau haut-de-forme dont il se coiffait volontiers. Un nez busqué et des oreilles de belle dimension complétaient le portrait.

Sa silhouette élégante, drapée dans un mac farlane, évoquait vaguement les caricatures de l'oncle Sam, ce symbole du capitalisme yankee, à moins que l'on ne lui trouvât quelque ressemblance avec Valentin le Désossé, tel que le peignit Toulouse-Lautrec.

Ce dandy fin de siècle, un pince-sans-rire, à l'humour glacé et aux répliques rares mais cinglantes, impressionnait ses interlocuteurs.

Pour le définir, Alfred Jarry avait inventé ce néologisme : *« Celui qui silence »* ; quant à Willy qui, de quatre chemins, n'empruntait jamais le moindre, il l'avait surnommé *« Le Père laconique. »* Le style de Fénéon, concis comme sa parole, était éblouissant. Il avait compris d'emblée qu'il n'avait pas été mis au monde pour écrire une œuvre personnelle, mais pour aider les créateurs de génie, qui étaient ses amis, à se faire connaître. Il était plus soucieux d'exercer son influence sur leur œuvre que de signer les nombreux articles, notes et essais qu'il écrivait.

Il ne revendiqua qu'un seul vers :

Le laquais en laque est sur le quai Malaquais !

Fénéon était un découvreur, un entraîneur, un passeur d'avant-garde. La nature l'avait doté d'une sensibilité extrême et d'une capacité de jugement infaillible. Sans lui, bien des peintres ou des écrivains de talent n'auraient pas rencontré leur public et seraient passés à côté de la gloire.

Il fut le premier à remarquer et à faire connaître *L'Après-midi d'un faune* de Stéphane Mallarmé, les poèmes de Jules Laforgue ou *Les Amours jaunes* de Tristan Corbière, œuvres qu'il fit éditer dans les revues d'art qu'il créait ou qu'il dirigeait : *Libre Revue*, *Revue indépendante*, *la Vogue*, *les Hommes d'aujourd'hui*, et surtout la prestigieuse *Revue blanche* dont il sera pendant dix ans le patron inspiré. On doit surtout à Fénéon d'avoir découvert le manuscrit des *Illuminations* d'Arthur Rimbaud, et de l'avoir édité après en avoir corrigé lui-même les épreuves.

En peinture, son influence sera encore plus forte. On le surnommait « l'éminence grise du symbolisme ». C'est lui qui inventa l'expression « néo-impressionnisme » pour qualifier la tendance des peintres qu'il défendait bec et ongles : Pissarro, Matisse, Signac, Van Dongen... et surtout Seurat, son préféré.

Mallarmé disait de Fénéon : *« Il est l'un des critiques les plus subtils et les plus aigus que nous ayons »*, et Paul Valéry – qui savait de quoi il parlait – prétendait qu'il était l'un des hommes les plus intelligents qu'il ait rencontrés.

• Anar

Révolté chronique dès son adolescence, Félix Fénéon fut enclin tout naturellement à rejoindre le mouvement anarchiste, très actif à l'époque. Ami des libertaires, il ne rechignait pas à apporter son aide aux clandestins et aux poseurs de bombes en payant de ses deniers et de sa personne. En 1894, il échappa de peu à une condamnation aux travaux forcés, car la justice le soupçonnait, non sans quelque raison, d'avoir participé à un complot anar. En fait, il avait lancé contre le restaurant Foyot, que fréquentaient de nombreux sénateurs, une bombinette de sa fabrication dissimulée dans un pot de fleurs d'où émergeaient quelques jacinthes. La police ayant découvert des détonateurs dans son bureau, il fut l'un des accusés du procès des Trente, mais, faute de preuves et grâce à une campagne d'opinion en leur faveur, il tourna à leur avantage : tous les prévenus furent acquittés !

Anticonformiste, anticolonialiste, anticlérical, anti-tout... même sa vie privée était anarchique ! Lui qui reconnaissait avoir été un « conscrit lubrique » pendant son service militaire devint un bigame convaincu, vivant tranquillement entre épouse et maîtresse, semant des enfants un peu partout.

L'âge ne l'atteignait pas puisqu'en 1936, pour fêter la victoire du Front populaire, il grimpa sur son toit pour y déployer le drapeau rouge. Il avait 75 ans !

Pour avoir tout au long de sa vie servi, avec modestie et au mépris du sien, le talent des autres, pour avoir écrit sans les signer tant d'articles remarquables, Fénéon mourut presque inconnu et déjà oublié, en 1944.

Parmi ses nombreuses activités, il était surtout resté un journaliste dont la spécialité était « la brève ».

Entré en 1905 au journal *le Matin*, il y tint pendant deux ans, toujours de façon anonyme, la rubrique des *Nouvelles en trois lignes*. Il avait l'art de transformer de simples faits divers en sortes de mini-tragédies shakespeariennes. C'est grâce à madame Fénéon, qui les recopiait religieusement sur un cahier, qu'on apprit qu'il était l'auteur de ces brèves. Jean Paulhan les rassembla pour les publier en 1948. Extraits...

– À Trianon, un visiteur s'est dévêtu et s'est couché dans le lit impérial. On conteste qu'il soit, comme il le dit, Napoléon IV.

– Le feu, 162, boulevard Voltaire. Un caporal fut blessé. Deux lieutenants reçurent sur la tête, l'un une

poutre, l'autre un pompier.

– C'est au cochonnet que l'apoplexie a terrassé monsieur André, 75 ans, de Levallois. Sa boule roulait encore qu'il n'était déjà plus.

– Plage Sainte-Anne (Finistère), deux baigneurs se noyaient. Un baigneur s'élança. De sorte que M. Étienne dut sauver trois personnes.

– Le Dunkerquois Scheid a tiré trois fois sur sa femme. Comme il la manquait toujours, il visa sa belle-mère : le coup porta.

– Des rats rongeaient les parties saillantes du chiffonnier Mauser (en français « Ratier ») quand on découvrit son cadavre à Saint-Ouen.

– Boulevard Carnot, au Vésinet, une automobile a attaqué à toute vitesse un troupeau de moutons. Trois moururent.

– R. Pleynet, d'Annonay, 14 ans, a mordu son père et l'un de ses camarades. Il y a deux mois, un chien enragé lui léchait la main.

– Les femmes rouges d'Hennebont ont saccagé les vivres qu'apportaient aux ouvriers rentrés aux forges les femmes jaunes.

– En se le grattant avec un revolver à détente trop douce, M. Éd. B. s'est enlevé le bout du nez au commissariat Vivienne.

– Comme M. Poulbot, instituteur à l'Ile-Saint-Denis, sonnait pour la rentrée des écoliers, la cloche chut, le scalpant presque.

– M. Abel Bonnard, de Villeneuve-Saint-Georges, qui jouait au billard, s'est crevé l'œil gauche en tombant sur sa queue.

– *« Aïe ! cria le rusé mangeur d'huîtres. Une perle ! » Un voisin de table l'acheta 100 francs. Prix : 30 francs au bazar de Maisons-Laffitte.*

– *Pour un parquet belge, on arrête à Vagney (Vosges) Félicie de Doncker qui excella à mater la fécondité des Brabançonnes.*

– *On couronnait les écoliers de Niort. Le lustre tomba, et les lauriers de trois d'entre eux se teignirent d'un peu de sang.*

– *Entre Arabes de Douaouda : un couple a capturé un galant trop hardi et l'a mutilé, annulant à jamais sa concupiscence.*

On en dénombre ainsi plus d'un millier, toutes aussi savoureuses, drôles, poétiques, terrifiantes ou grotesques.

Si faire court est un art, celui de Fénéon atteint ici au génie, car peut-on mieux démontrer, et en si peu de mots, l'absurdité de notre monde ? Ne croirait-on pas, avec un demi-siècle d'avance, Camus revisité par Pierre Dac ?

GASTON DE PAWLOWSKI
(1874-1933)

Les dernières années du XIXe siècle marquèrent l'époque d'une science triomphante et infaillible. Une kyrielle d'inventions révolutionnait les conditions de l'existence : l'électricité commençait à éclairer le monde, la radio émettait ses premiers crachouillis et le cheval-vapeur concurrençait le moteur à crottin. Personne ne doutait que le progrès n'eût atteint son apogée. À l'initiative du préfet Lépine, des inventeurs en chambre s'ingéniaient par milliers à rendre la vie plus confortable et facile.

Parallèlement à ces chercheurs vaguement attendrissants, les humoristes inventaient eux aussi à tour de bras... mais c'était surtout chez eux une nouvelle façon de provoquer le rire en alliant l'absurdité de la trouvaille au ton péremptoire du scientifique.

Ainsi pouvait-on lire dans le journal *l'Hydropathe* la nouvelle suivante : « *On va désormais enduire les navires de* cold cream *pour faciliter leur entrée dans les ports de mer dont l'accès est difficile. Les capitaines ne s'en plaindront pas.* »

Le plus étonnant de ces petits inventeurs pour rire était paradoxalement un vrai chercheur, auteur de vénérables ouvrages : il se nommait Gaston de Pawlowski.

On connaît, en réalité, fort peu de chose sur la vie de ce digne personnage, sinon qu'il était docteur en droit – ce qui ne dispose pas à une franche hilarité – et qu'il fut le directeur de journaux tels que *l'Opinion* ou *le Vélo*, ainsi que l'auteur de quelques livres, dont *La Philosophie du travail* ou *Le Travail intellectuel et la volonté*.

Mobilisé pendant la Première Guerre mondiale – l'Histoire n'a pas dit si ce fut dans le génie – , c'est sur le front qu'il trouva l'inspiration, afin de distraire ses petits camarades de tranchée, de ses remarquables *Inventions nouvelles et dernières nouveautés*.

« *Ces calinotades délibérément charivariques et charantonnesques ont été conçues,* écrit Paul Souday, *dans les termes convaincus et avec les clichés avantageux qu'emploieraient Bouvard et Pécuchet pour rédiger une communication à quelque société savante du chef-lieu.* »

Gaston de Pawlowski est l'inconnu d'un seul livre dans lequel il donne libre cours à une imagination fantastique et à un irrésistible génie comique qu'il ne soupçonnait sans doute même pas.

Voici, par exemple, comment ce Buster Keaton de l'invention nous fait part d'une toute nouvelle idée qui va révolutionner la fabrication des crayons :

« *Une importante fabrique de crayons vient de dresser spécialement plusieurs milliers de ces intelligents insectes, appelés cirons, qui percent le bois, et se trouvaient sans emploi depuis que les marchands de meubles anciens ont remplacé leurs services par l'usage plus rapide de fusils de chasse chargés à petits plombs. Les cirons sont utilisés par les marchands de crayons pour percer très exactement le bois à l'endroit où l'on placera la mine de plomb. Ce qu'il y a de plus intéressant dans cette petite invention, c'est la simplicité avec laquelle le bois est exactement percé en ligne droite. Il s'agit de placer très rigoureusement le ciron dans l'axe du crayon qu'il doit percer. [...] La grande manufacture qui vient de s'assurer ce brevet pour vingt ans l'a complété d'une façon fort heureuse : non seulement le ciron est chargé de percer le bois, mais on lui attache la mine de plomb au bout de la queue, au moyen d'une ficelle, et lorsque son travail est terminé, la mine de plomb se trouve mise en place à l'intérieur du crayon. Il suffit alors de couper l'amorce et le ciron est à nouveau disponible. Malheureusement, la Société protectrice des animaux s'est émue de ce procédé. Elle a fait signifier aux industriels intéressés que ce traitement lui paraissait barbare et qu'elle enjoignait que l'on eût désormais à utiliser des petits colliers pour la traction de la mine de plomb. Elle exige également l'emploi de lunettes pour que les cirons ne soient pas aveuglés par la sciure du bois...* »

Et Pawlowski d'ajouter : « *N'est-ce point là pousser un peu loin l'amour des bêtes ?* »

Autres découvertes capitales de ce Lépine de l'absurde :

– « *Voici une invention bien curieuse que l'on vient de présenter à l'Institut : c'est le* ***nouveau boomerang français****, dont le bois est taillé de telle sorte que l'instrument,* ***une fois jeté sur l'adversaire, ne revient pas à celui qui l'a lancé****. On évite ainsi tout risque d'accident.* »

– « *On sait que, depuis quelque temps, les dentistes américains ont pris l'habitude de faire sauter les dents mauvaises au moyen d'une toute petite cartouche de dynamite. Plusieurs personnes nous ont demandé si l'explosion ainsi provoquée ne présentait pas quelque danger. Nous sommes heureux de les rassurer. L'explosion de la cartouche est absolument inoffensive, à condition toutefois que l'on ait la précaution de s'éloigner à quelque distance au moment où elle se produit.* »

– « *Il faut bien le constater, hélas ! le sabotage fait encore des recrues et s'introduit parfois jusque dans nos campagnes. C'est ainsi que l'on nous signale que les anciens* ***scieurs de long*** *se transforment en* ***scieurs de large*** *pour diminuer leur besogne. C'est là un manque de conscience professionnelle qui discrédite la classe ouvrière.* »

– « *Parmi les objets usuels de ménage, citons* ***la nouvelle passoire à un seul trou****, infiniment pratique et qui permet de passer instantanément les objets les plus divers et les plus résistants. La passoire se compose d'un manche portant à son extrémité un simple cercle en métal.* »

– « *D'après le Dr Ordurin, il paraît que l'on peut soigner et* ***guérir le diabète au moyen de simples bains de café****. Cette cure est basée, paraît-il, sur la propriété véritablement exceptionnelle que possède le café pour dissoudre le sucre.* » *

(NDLR À la suite d'un article sur les inventions du professeur Pawlowski dans lequel j'avais reproduit ce paragraphe, j'ai eu la surprise de recevoir une lettre de lecteur : « Monsieur, je suis très intéressé par la découverte du docteur Ordurin. Souffrant moi-même de diabète, je vous serais reconnaissant de me communiquer l'adresse de ce praticien. »)

– « ***Les nouvelles étiquettes cintrées pour bouteilles*** *seront bien accueillies par tous les pharmaciens, cavistes et marchands de vins. L'étiquette se colle sans difficultés sur la bouteille dont elle a exactement la forme.* »

– « *Une dame du monde s'étonne que,* ***le vibromasseur*** *électrique ayant rendu d'utiles services, personne n'ait encore songé à construire un* ***vibromonfrère****.* »

– « *Pour les temps de chaleur excessive, c'est avec joie que je signale* ***la nouvelle baignoire à entrée latérale****. Ainsi, il suffira d'ouvrir une petite porte pour pénétrer de plain-pied dans la baignoire.* »

(NDLR Chacun aura remarqué que, dans ce domaine, l'absurde a précédé la réalité, puisque des baignoires à entrée latérale sont proposées régulièrement, dans les revues spécialisées, aux gens du troisième âge incapables de lever la jambe.)

– « *Tous les ouvriers du bâtiment savent combien de temps l'on perdait inutilement avec les anciens fils à plomb à fil souple qui se balançaient interminablement avant de rester immobiles.* ***Le nouveau fil à plomb à tige rigide*** *supprime ce fâcheux inconvénient.* »

– « *Il est bien regrettable que les* ***nouvelles tribunes mobiles*** *de Longchamp n'aient pas été prêtes pour la revue du 14 juillet, qui, sans cela, aurait pu avoir lieu comme jadis sur notre grand hippodrome parisien. On sait en effet que, depuis de longues années déjà, les sociétés d'encouragement ont décidé de monter sur rails* *les tribunes du champ de courses pour permettre aux spectateurs de suivre les épreuves de bout en bout. De forts moteurs électriques actionneront les tribunes qui feront le tour de la piste.*

Pour les revues militaires, ce dispositif aurait le grand avantage de ne pas fatiguer les troupes : celles-ci resteraient en effet alignées l'arme au pied et ce seraient les tribunes qui défileraient devant elles. On éviterait ainsi, durant les chaleurs du mois de juillet, des fatigues et des insolations inutiles. »

Gaston de Pawlowski, après s'être ainsi assuré la sympathie des poilus, ses frères de combat, s'intéressa aussi aux adeptes de la religion... Après le sabre, le goupillon : un peu d'eau bénite n'a jamais fait de mal à personne !

– « *Le **bénédisiphon** est un accessoire de luxe qui, depuis quelque temps, remplace l'ancien goupillon dans nos grandes églises de Paris. Sa forme extérieure rappelle exactement celle de l'instrument sacré. Un bouton à pression permet au public élégant de servir de l'instrument comme d'un siphon, avec la même précision et la même sûreté. L'Église, on le voit, se modernise !* »

La mort a frappé le génial Pawlowski avant qu'il n'ait pu réaliser l'invention de sa vie : « *L'automobile qui se replie entièrement dans son coffre arrière* » ! Notre vie quotidienne en eût certainement été bouleversée !

GEORGES COURTELINE
(1858-1929)

Plus Tourangeau que lui, tu meurs ! Puisque Georges Courteline est né à Tours, comme ses parents et ses grands-parents. Le grand-père Moinau était un ébéniste réputé dont le musée de la ville conserve encore quelques meubles signés. Le père, Jules Moinaux (1815-1895) – après avoir mis son nom de famille au pluriel – tint la chronique judiciaire du *Charivari* et acquit la célébrité grâce à un livre inspiré par une certaine expérience : *Les Tribunaux comiques*.

Georges Moinaux naquit donc à Tours, rue de Lariche, le 25 juin 1858 – précision qui a son importance car, tout au long de sa vie, il chercha à se rajeunir de deux ans... allez savoir pourquoi !

Ses parents, peu après sa naissance, vinrent habiter Paris. Chaque été, ils s'installaient à la « campagne » sur la Butte Montmartre, dans un charmant cottage fleuri, au 40 de la rue des Rosiers (aujourd'hui rue du Chevalier-de-la-Barre). C'est contre le mur de leur maison que, pendant la Commune, seront fusillés les généraux Clément Thomas et Leconte. Mais, prudents, les Moinaux n'avaient pas attendu ce terrible épisode et, dès les premiers combats, ils étaient partis se réfugier à Iverny, près de Meaux. Le calme revenu, les parents regagnèrent Paris, laissant Georges en pension dans un couvent sinistre reconverti en maison d'éducation. Il y passa cinq ans au cours desquels il apprendra la révolte et la haine des institutions. « *Âpre époque,* écrira-t-il, *dont ma lèvre a gardé l'amertume.* »

Il ne digérera jamais cette période de sa vie et lorsque, devenu célèbre, on lui proposera de donner à son collège le nom de Courteline, il se contentera de répliquer :

– J'aimerais cent fois mieux y foutre le feu !

Il fut très logiquement recalé à son baccalauréat, ce qu'il annonça à son père de façon peu conventionnelle :

– Ça commence par R.E.C...

– Reçu ? hasarda le père plein d'espoir.

– Non ! Recalé !

Son père le fait alors entrer rue Saint-Fiacre, au siège de la chaîne des restaurants Bouillons-Duval. On l'affecte au service de vérification des additions. On lui explique :

– Si l'une de nos caissières s'est trompée au détriment du client, elle doit lui rembourser la somme indûment perçue. Dans le cas contraire, elle nous paie la différence.

– Mais alors, la pauvre femme, c'est toujours elle qui paie ? s'écrie le futur Courteline.

Pour toute réponse, on lui indiqua sobrement le chemin de la sortie.

• Les gaietés de l'escadron

Jules Moinaux somme alors son fils de s'engager. Celui-ci se retrouve à Bar-le-Duc, au 13e Chasseurs à cheval. Le major, un Alsacien aussi grand que bête, prend en grippe cet « avorton » qui déshonore l'armée. Ses cheveux trop longs, en baguettes de tambour, lui valent le surnom de « frisé » qu'il gardera toute sa vie. Il lui faudra jouer les débiles pendant quatorze mois avant de réussir à se faire réformer.

Grâce à un don prodigieux d'observation, il aura le temps de connaître toute une galerie de polichinelles militaires et d'apprendre le vocabulaire, les expressions, les coutumes de l'homme des casernes. Ainsi, le légendaire adjudant Flick qui veut fourrer tout le monde au « gnouf », avec des motifs de punition d'une bêtise légendaire, est sorti tout droit des souvenirs du cavalier Moinaux :

– Deux jours de salle de police au brigadier La Guillaumette pour avoir pris le soleil dans une glace et l'avoir violemment jeté à la figure de son sous-officier.

– Huit jours au cavalier Gueswiller pour avoir, sur le passage du brigadier Cannart, imité le cri de cet animal.

– Quatre jours de salle de police au cavalier Laviolette « pour avoir collé une bougie au dos de sa brosse de pansage et commué ainsi ce meuble en chandelier. »

– Six jours au cavalier Vergisson pour avoir fait du tapage dans la chambrée en mangeant sa gamelle, avec un pied de banc.

– Popirol, cavalier de 2e classe : quatre jours de salle de police par le maréchal des logis Pié pour avoir, étant

de faction à la porte du quartier, présenté les armes à l'évêque en imitant le cri du corbeau.

Et cette information essentielle, faite à la troupe : « *À onze heures, devant les écuries, le colonel fera, au sujet de la comète, un petit cours familier de cosmographie... En cas de pluie, la comète aura lieu dans le gymnase.* » *Rompez les rangs !*

• Messieurs les ronds-de-cuir

Georges à peine démobilisé, son père le fait entrer au ministère des Cultes qu'il immortalisera plus tard sous le nom de « *ministère des Dons et Legs* ».

On le verra très peu au bureau jusqu'au jour où il ne viendra plus du tout : il avait imaginé de verser la moitié de son salaire à un collègue qu'il avait chargé de faire le travail à sa place. Cette situation surréaliste se prolongera pendant quatorze ans.

Entre-temps, Moinaux était devenu célèbre sous le nom de Courteline. Il s'était fait connaître d'abord par des articles dans les gazettes parisiennes.

À 26 ans, la chance lui avait souri le jour où le rédacteur en chef des *Petites Nouvelles littéraires* lui avait demandé, pour boucher un trou de dernière minute, s'il n'avait pas un article tout prêt. Il tira de ses cartons une petite scène militaire intitulée *La Soupe*. Le lendemain, il était convoqué de toute urgence. Très inquiet, il se présenta pour s'entendre dire :

– Ton article plaît beaucoup. Tu m'en donneras toutes les semaines sur la vie de caserne. Tu vois ? Du vrai, mais traité gaiement.

Courteline venait par hasard de découvrir sa voie et son style. Jean Dutourd a d'ailleurs écrit depuis à son sujet : « *Il ne connaissait que trois sujets : l'armée, les bureaux et les femmes ! Mais il les connaissait à fond !* »

Et il est vrai que c'est dans ces trois « corps », dans lesquels il a servi, qu'il va trouver son « fonds de commerce ». Personne ne savait mieux que lui décrire la stupidité de la chose militaire (à l'époque !), les tracasseries administratives, les injustices de la justice, la légèreté des femmes et la mesquinerie des bourgeois. La caricature de son trait, entre la bouffonnerie et l'humour noir, est restée contemporaine à bien des égards.

Il commet *Les Gaietés de l'escadron* en 1886, *Les Femmes d'amis* en 1888. *Le Train de 8 h 47*, quant à lui, est son premier roman et son premier grand succès. Les aventures des cavaliers Croquebol et La Guillaumette entrent dans la légende. C'est avec *Messieurs les Ronds-de-Cuir*, en 1893, qu'il connaîtra le triomphe. Comment oublier le triste Père Soupe, qui prend des bains de pieds sous son bureau, ou encore l'inquiétant Letondu, qui consacre l'essentiel de son activité au ministère à la pratique de la gymnastique et à l'étude du cor de chasse ?

Roland Dorgelès, qui fut l'un de ses admirateurs et amis, le décrit merveilleusement dans ses contradictions : « *bohème de cœur et bourgeois de raison, braillard détestant le bruit.* »

Misanthrope amer et rouspéteur, il passe le plus clair de son temps à râler contre le progrès, les médiocres, les vaniteux et les cabotins.

Courteline aimait plus que tout passer son temps au

café où il imaginait ce que nous appelons aujourd'hui des gags. Dans un bistrot où il avait ses habitudes, il avait remarqué le manège d'un imbécile qui commandait invariablement un demi destiné à accompagner l'ingestion d'un œuf dur matinal. Après s'être assuré que chacun l'avait remarqué, il frappait l'œuf contre son crâne, avant de l'éplucher, ravi de sa trouvaille. Courteline subtilisa un jour les œufs durs du présentoir pour les remplacer par des œufs frais. L'ahurissement du quidam sentant l'œuf lui couler sur la figure et sur son costume lui procura un bonheur ineffable.

Ce n'était là que simple broutille à côté de l'instrument de précision qu'il avait inventé, et baptisé « l'Idiomètre ». Cet appareil était destiné à tester le degré d'imbécillité de tous ceux qui acceptaient de se soumettre à l'expérience. Le cobaye était invité à prendre en main un tube de verre, gradué de 0 à 50, relié à un long tuyau de caoutchouc. Un alcool coloré, en montant dans le tube, permettait d'établir le diagnostic. Dissimulé dans la cave du bistrot, le peintre Zipette, ami et complice, attendait que Courteline frappe du pied pour souffler dans le tuyau. Selon la force et le nombre des coups, il soufflait plus ou moins fort. L'alcool s'élevait alors dans le tube… et il arrivait parfois, dans les cas les plus désespérés, qu'il éclabousse le malheureux, devant un public hilare de la déconvenue du client berné.

• La paix chez soi

Georges Courteline, marié deux fois, a connu un bonheur familial sans nuages. Il épousa d'abord une artiste de l'Odéon, Suzanne Berty, qui monta à la Potinière une pièce *La Peur des coups*. Mais elle mourut d'une hémoptysie. En 1907, à 49 ans, il se remaria avec Judith Bernheim, connue en tant qu'actrice sous le nom de Judith Brécourt, et qu'il appelait – on ne saura jamais pourquoi ! – Marie Jeanne.

La mise en scène de ses œuvres ne reçut pas toujours l'approbation de leur auteur. Après avoir vu jouer son *Train de 8 h 47*, Courteline est effondré : « *C'est affreux ! Ce n'est pas moi qui ai écrit cette m... !* » La pièce connaîtra tout de même 155 représentations. Courteline, devenu contre son gré une personnalité bien parisienne que les journalistes interviewaient à tout propos et surtout hors de propos, fit alors imprimer une circulaire :

CABINET DE GEORGES COURTELINE
CENTRALISATION DES INTERVIEWS
Monsieur et cher confrère,

En réponse à votre lettre du... par laquelle vous voulez bien me demander mon avis à propos de..., j'ai l'honneur de vous informer que je m'en fous complètement.

Dans l'espoir que la présente vous trouvera de même, je vous prie d'agréer, Monsieur et cher confrère, l'assurance de mes sentiments les plus dévoués.

Pour M. Georges COURTELINE
Le centralisateur général

Devenu bougon, ronchon, et perpétuel rouspéteur, Courteline travaille de moins en moins. Il signe ses dernières œuvres importantes au tout début du XXe siècle : *La Paix chez soi* et *La Conversion d'Alceste*, sorte de prolongement en alexandrins qu'il imagine au *Misanthrope* de Molière. En 1912, il adapte en roman l'une de ses anciennes nouvelles, *Les Linotes*, avant d'avouer : « *Je n'ai plus rien à dire !* » Alors, il passe son temps à corriger interminablement ses œuvres précédentes qu'il souhaite parfaites pour affronter la postérité.

Le bistrot, et l'alcool qu'il absorbe en tapant le carton avec les copains, les femmes et les deux paquets de cigarettes qu'il fume chaque soir finissent par lui détériorer la santé. En 1924, on l'ampute d'un orteil gangrené au pied droit ; puis, c'est la jambe qui noircit à son tour et qu'il faut lui couper. « *Quel toubib !* dit-il de son chirurgien. *Il faut encore qu'il ait la parole tranchante !* » En 1926, les Académiciens Goncourt l'élisent au sein de leur assemblée en remplacement de Gustave Geoffroy. Trois ans plus tard, il faudra l'amputer de sa jambe gauche. Il mourra des suites de l'opération, le jour de son soixante et onzième anniversaire.

Pendant l'Occupation, les Allemands cherchèrent à s'emparer de toutes les statues de bronze pour les transformer en canons. Madame Courteline, à qui l'on avait imposé le port de l'étoile jaune, s'efforça d'empêcher que le buste de son mari, qui trônait au milieu du square de l'avenue de Saint-Mandé, ne connaisse ce triste sort. Des amis parvinrent heureusement à le déboulonner et à le cacher jusqu'à la Libération, où il reprit sa place.

Avant de disparaître, Courteline avait rassemblé les pensées et les maximes qui constituaient le fonds de sa philosophie personnelle. En voici quelques-unes...

– *S'il fallait tolérer aux autres tout ce qu'on permet à soi-même, la vie ne serait plus tenable.*

– *Je ne sais pas de spectacle plus sain, d'un comique plus réconfortant, que celui d'un Monsieur recevant de main de maître une beigne qu'il avait cherchée.*

– *On ne saurait mieux comparer l'absurdité des demi-mesures qu'à celle des mesures absolues.*

– *Il vaut mieux gâcher sa jeunesse que de n'en rien faire du tout.*

– *La femme ne voit jamais ce que l'on fait pour elle, elle ne voit que ce que l'on ne fait pas.*

– *Il est évidemment bien dur de ne plus être aimé quand on aime, mais cela n'est pas comparable à l'être encore quand on n'aime plus.*

– *L'homme est le seul mâle qui batte sa femelle. Il est donc le plus brutal des mâles, à moins que, de toutes les femelles, la femme ne soit la plus insupportable – hypothèse très soutenable, en somme.*

– *Passer pour un idiot aux yeux d'un imbécile est une volupté de fin gourmet.*

En guise de préface à un recueil de citations de Courteline, Jean-Jacques Brochier avait écrit : « *S'il fallait faire tenir la verve de Georges Courteline en une seule phrase, je choisirais sans doute celle-ci :* Amis, versez-nous du veau froid ! »

TRISTAN BERNARD
(1866-1947)

Tristan Bernard vit le jour à Besançon en 1866. Un destin facétieux avait choisi de le faire naître dans la même ville et dans la même rue que Victor Hugo ! Mais, là s'arrête la ressemblance !

« Le grand poète est venu au monde au numéro 138 de la Grand-Rue, disait Tristan Bernard, *alors que moi, plus modestement, je ne suis né qu'au 23 ! »* Il ajoutait : *« On a mis des plaques sur les deux immeubles. Mais la mienne a été apposée par la Compagnie du Gaz. »*

Prénommé Paul, il choisit plus tard de s'appeler Tristan. Était-ce à cause d'une Iseult pour qui son cœur avait battu ? Pas la moindre trace de romantisme là-dessous : *« J'ai pris le nom de Tristan à cause d'un cheval qui m'avait fait gagner de l'argent. Et c'était rudement rare car, lorsqu'aux courses, je suivais un cheval, mon cheval suivait les autres ! »*

Tristan Bernard eut beau passer sa vie sur les champs de courses et s'intéresser aux plus beaux chevaux du monde, ceux-ci ne lui témoignèrent jamais la moindre reconnaissance. Il jouait très souvent...

et perdait toujours. « *C'est à ne pas croire,* expliquait-il à Roland Dorgelès. *Au point de vue hippique, j'étais, sans me vanter, l'homme le mieux informé de Paris. Manquant rarement une réunion, dépouillant tous les journaux de courses, je connaissais la forme du moindre canasson. De plus, j'étais lié avec tous les propriétaires et recevais de mes amis entraîneurs et jockeys les derniers tuyaux. Je faisais donc mon jeu avec certitude, ce qui me demandait d'ailleurs un long travail tous les matins. Cependant, comme je savais que je n'avais pas de chance, quand j'avais établi la liste des gagnants, je misais contre. Eh bien, je perdais quand même !* »

Et, au casino, ça n'était guère mieux. Un jour, à Deauville, on le vit arriver le matin au Bar du Soleil, coiffé d'une superbe casquette de yachtman. Ses amis, connaissant sa déveine légendaire, le mirent gentiment en boîte. « *Oui,* expliqua-t-il d'un petit ton désinvolte, *je me suis payé ça avec mes gains au casino.* » Et comme chacun se mettait en devoir de le féliciter, il ajouta mezzo voce : « *Mais, avec ce que j'ai perdu, j'aurais pu me payer le bateau !* »

Contrairement à la tradition qui veut que les humoristes soient des gens plutôt mélancoliques, Tristan Bernard était un humoriste heureux, né dans une famille de petits bourgeois où l'on était drapier de père en fils. Ses études furent peu remarquables.

– Pascal combattait ses maux de tête par la géométrie. Moi, je combattais la géométrie en faisant semblant d'avoir mal à la tête !

Il assumait parfaitement son penchant pour la paresse.

– L'homme n'est pas fait pour travailler et la preuve, c'est que ça le fatigue !

– Je suis un contemplateur fervent de l'effort d'autrui ! Un paresseux, c'est tout simplement un monsieur qui ne fait pas semblant de travailler.

Et, comme il n'était pas hypocrite, il ne faisait pas semblant : « *La vraie paresse, c'est de se lever à six heures du matin pour avoir plus longtemps à ne rien faire* .»

Et il disait à sa bonne :

– J'ai demain un rendez-vous important. Réveillez-moi à sept heures. Si, à huit heures, je ne suis pas levé, laissez-moi dormir jusqu'à midi.

Alors qu'un été, à Deauville, dans un salon privé, un gros monsieur, vautré sur un divan, lui disait :

– Je ne connais pas d'endroit où l'on soit mieux pour dormir !

Tristan répliqua :

– On voit bien que vous ne connaissez pas mon cabinet de travail !

Tristan Bernard commença sa vie professionnelle comme directeur sportif du stade Buffalo, réputé pour ses courses de vélo. Un portrait de Toulouse-Lautrec nous le montre barbu, ventru, ses culottes bouffantes découvrant des « bas » cyclistes, un melon inattendu surmontant le tout.

Il devint ensuite directeur d'une usine d'aluminium à Creil, puis effectua un passage éclair au barreau comme avocat. Après quoi, il se retrouva lecteur de manuscrits au Théâtre de la Porte Saint-Martin.

N'ayant réussi dans aucun de ces métiers, il entreprit d'écrire des pièces de théâtre. Et ce paresseux qu'on ne voyait jamais travailler écrivit une trentaine de pièces et enchaîna succès sur succès.

On lui doit notamment *Les Pieds nickelés* (1895), *L'Anglais tel qu'on le parle* (1899), *Triplepatte* (1905), *Amants et voleurs* (1905), *Le Petit Café* (1911). Bien sûr, le succès ne fut pas immédiat et il connut à ses débuts quelques bides – on disait « fours », à l'époque – qu'il prit, comme toujours, avec humour. *« Venez armés,* disait-il à ses amis en les invitant à venir voir sa pièce, *l'endroit est désert ! »*

Il avait racheté le théâtre Sarah Bernhardt qu'il avait rebaptisé, un jour où le public n'était pas venu, « le théâtre Sahara Bernard ».

Et quand le rideau allait se lever sur une salle à peu près vide, il disait en clignant de l'œil :

– Attention, les trois coups… un par spectateur !

À un ami qui lui demandait deux places gratuites, il refusait en disant :

– Je ne donne que des rangs entiers !

Tristan Bernard avait une qualité rare : c'était un homme profondément bon qui se réjouissait du succès de ses amis et qui applaudissait à leurs mots d'esprit. Ce qui lui permit d'entretenir une amitié véritable avec des gens comme Lucien et Sacha Guitry ou Jules Renard. *« Ça n'est pas difficile d'avoir de l'esprit,* disait Tristan, *lorsqu'on est méchant. »*

Il possédait une certaine philosophie teintée d'une grande indulgence, ainsi que le montrent les remarques qui suivent :

– *Pour être heureux avec les êtres, il ne faut leur demander que ce qu'ils peuvent donner.*

– *Dans la vie, il ne faut compter que sur soi... et encore, pas beaucoup !*

– *On ne prête qu'aux riches. Et on a raison : les pauvres remboursent difficilement.*

– *Les hommes sont toujours sincères. Ils changent de sincérité, voilà tout !*

Sa conversation était un feu d'artifice permanent. Ses reparties, que tout Paris se répétait, ont gardé, aujourd'hui encore, toute leur saveur.

Un jeune auteur lui ayant demandé conseil au sujet du titre qu'il devait donner à sa pièce :

– Voyons, mon jeune ami, est-ce qu'il y a des tambours dans votre pièce ?

– Non, Maître ! dit l'autre, ahuri.

– Et des trompettes ? Y a-t-il des trompettes ?

– Non plus.

– Eh bien, à votre place, j'appellerais ma pièce *Sans tambours ni trompettes*.

Et à cette jeune comédienne qui lui demandait de l'aider à se choisir un nom de théâtre :

– Comment vous prénommez-vous ?

– Maud.

– Que penseriez-vous, Mademoiselle, de *Maud Cambronne* ?

Comme un journaliste lui posait une question sur l'au-delà :

– L'au-delà ? Je n'ai pas d'opinion là-dessus, m'étant plutôt spécialisé dans l'en deçà !

Tristan Bernard avait une telle réputation d'homme

d'esprit que les maîtresses de maison se disputaient sa présence à leurs réunions mondaines. « Venez donc demain, ma chère, nous aurons Tristan Bernard. » Mais la profession d'humoriste patenté ne va pas sans quelques inconvénients. Au nombre des épreuves que Tristan Bernard redoutait le plus, figurait le supplice de la chanteuse amateur... Un beau soir, l'une d'elles annonça :

– Je vais vous interpréter une mélodie de Claude Debussy, mais je tiens à vous avertir que son interprétation est des plus difficiles !

Commence alors le massacre systématique de l'œuvre, ponctuée de couacs et de déraillements qui ne semblent affecter en aucune manière la conscience pure de la chanteuse. La dernière note expédiée, la dame se précipite vers l'humoriste effondré.

– Qu'en pensez-vous, cher ami ? C'était très difficile, n'est-ce pas ?

Et Tristan de répondre :

– Ah ! chère Madame, j'aurais seulement souhaité que ce fût impossible !

Si la vie mondaine présente quelques avantages et, notamment, celui d'être nourri à l'œil, ce n'est pas toujours le cas, car il est des maîtresses de maison avares. L'une d'elles, au cours d'un thé, avait osé faire circuler un plateau où tous les gâteaux avaient été découpés en deux. Tristan, gourmand et que le procédé choquait, pointa du doigt la moitié d'un baba en disant d'un air faussement exquis :

– S'il vous plaît, je voudrais un ba !

Une autre fois, au cours d'un dîner famélique, le brouhaha des conversations s'interrompit brusquement.

– Tiens ! un ange passe, dit quelqu'un.

Et dans le silence, on entendit la voix de Tristan :

– Qu'on le découpe !

Tristan Bernard songea même à entrer à l'Académie française. Il commença par envoyer sa lettre de candidature par pneumatique, ce qui choqua ces Messieurs. Puis, ne voulant pas se soumettre à l'humiliante mais indispensable corvée des visites, il envoya son fils à sa place.

À un journaliste qui lui demandait quand il espérait rentrer au quai Conti, il répondit :

– Le costume est très cher, mais il paraît qu'on revend les costumes des défunts. J'attendrai qu'il en meure un de ma taille !

L'un des Immortels déclara :

– Monsieur Tristan Bernard agit exactement comme s'il voulait ne pas être élu.

Et c'était sans doute vrai : le bon maître n'était pas assez solennel ni conformiste pour entrer dans la docte compagnie. Et puis, avait-il besoin de cet honneur supplémentaire ?

Il se consola très vite. Avec les mots croisés, notamment, où son esprit fit merveille, et où il acquit une solide réputation.

Voici quelques-unes de ses définitions les plus célèbres qui sont autant de petits chefs-d'œuvre que savourent encore les cruciverbistes :

Arrive souvent au dernier acte – Notaire.

Lève son drapeau en signe de liberté – Taxi.

On en attend avec impatience une réponse négative – Laboratoire.

Ne reste pas longtemps ingrat – Âge.

Muet de naissance – Cinéma.

Unit des idées ou des localités – Car.

Prouesse ou délit – Vol.

On pourrait en citer des centaines d'aussi drôles. Mais il se trouve qu'on lui attribue à tort cette jolie définition du mot « entracte » : « *Vide les baignoires et remplit les lavabos* » ; elle est en fait de Renée David, qui était la directrice du *Journal des mots croisés*.

Aux approches de sa quatre-vingtième année, il publia un recueil de poèmes où l'on trouve des vers ravissants :

Où donc est-il ce temps charmant
Où le mot m'arrivait si vite ?
Le mot venait d'abord, et la pensée ensuite...
J'étais un poète vraiment !

Les dernières années de Tristan Bernard furent assombries par la défaite française et par l'occupation nazie. Il portait l'étoile jaune, et tentait quand même de sourire. « *Quelle triste époque que celle où on compte les Bloch et où on bloque les comptes !* »

La plupart des Israélites français avaient trouvé refuge en zone non occupée – la « zone non », comme on l'appelait ! Ils étaient si nombreux que Tristan proposait en souriant que la ville de Cannes portât désormais le nom de Kahn ! Lorsque les Allemands envahirent cette zone en 1942, tous les pessimistes partirent pour l'étranger. Tristan Bernard, lui, resta. Il disait avec confiance : « *Voyons ! On ne va pas faire d'ennuis à quelqu'un dont le nom est dans le dictionnaire !* »

Il se trompait. Malgré son âge, il fut arrêté et emmené à Drancy. Il consola sa femme qui pleurait par cette phrase admirable : « *Jusqu'ici nous vivions dans la crainte, nous allons désormais vivre dans l'espoir !* »

Et lorsque Sacha Guitry, qui s'inquiétait pour sa santé, lui demanda ce qu'il pouvait lui envoyer, il lui répondit simplement : « *Un cache-nez !* »

Sacha et Arletty réussirent à le faire libérer et il regagna son bel appartement près du Champ-de-Mars. Mais quelque chose s'était définitivement brisé en lui. Il quitta paisiblement notre monde, le 7 décembre 1947, non sans avoir réclamé à sa femme son crayon et sa gomme pour un dernier problème de mots croisés.

PIERRE DAC
(1898-1977)

En vertu du principe qu'il faut bien naître quelque part, le futur Pierre Dac – André Isaac pour l'état civil – vit le jour à Châlons-sur-Marne dans les dernières années d'un siècle exténué. Après des études sans histoires au cours desquelles il s'employa surtout à faire rire ses condisciples, il se retrouva, vêtu de bleu horizon, dans un emploi à plein temps de glorieux défenseur de la patrie. Une balle dans le bras lui ôta à tout jamais une vague vocation de violoniste. La musique l'avait échappé belle !

Rendu à la vie civile, il s'essaya à des emplois aussi prestigieux les uns que les autres : tour à tour homme-sandwich, chauffeur de taxi, vendeur de savonnettes à la sauvette, représentant de commerce et... chômeur, avant de décider de devenir chansonnier. Résolution ô combien héroïque pour quelqu'un d'aussi timide que lui.

Malgré son manque d'expérience, il a immédiatement trouvé son style : *« Te rappelles-tu, mamour, le soir tombait... il tombait bien, d'ailleurs, et juste à pic pour remplacer le jour qui, c'était visible, ne passerait pas la nuit. »*

Le public de la *Lune rousse*, des *Deux ânes* ou du *Coucou* écoutait, médusé, cet inconnu lui débiter, imperturbable, des maximes absurdes qui sonnaient comme du La Rochefoucauld, mais qui n'étaient pas, loin s'en faut, du La Rochefoucauld : « *Parler pour ne rien dire ou ne rien dire pour parler sont les deux principes majeurs de tous ceux qui feraient mieux de la fermer avant de l'ouvrir.* »

Peu à peu, le public s'habitua... et même en redemanda... C'est le succès. En 1937, sur les ondes de Radio Cité, Pierre Dac imagina le fameux *Club des loufoques*. Un peu plus tard, sur celles du Poste parisien, il lança son inoubliable *Course au trésor* : les participants devaient, pour gagner, arriver les premiers à la station, munis d'une invraisemblable liste d'objets plus inattendus les uns que les autres : une puce sauteuse, une épingle de nourrice, un dromadaire, une pomme de terre frite, une machine à coudre, un ticket de métro de la station Glacière, un œuf dur, une table à dissection, un casque de pompier, une note de gaz...

À ces inventaires loufoques, il ne manquait plus que le raton laveur cher à Jacques Prévert. Les jours de « course au trésor », les Champs-Élysées étaient embouteillés de l'Étoile à la Concorde. Tous ces loufoques réunis en club et dont le nombre ne cessait de croître constituaient une clientèle idéale pour un journal qui en serait l'organe officiel. Ainsi naquit *l'Os à moelle* dont Pierre Dac était le rédacteur en chef.

– Pourquoi *l'Os à moelle* ?

– Pourquoi pas *l'Os à moelle* ?

La date est historique : c'était le vendredi 13 mai

1938. A priori, *l'Os à moelle* ressemblait à n'importe quel journal sérieux. Mais, à y regarder de plus près, c'était une vraie révolution. Au pays de Descartes, on assistait à l'arrivée en force d'un humour irrationnel et absurde.

« Le premier ministère vient d'être constitué, précise M. Pierre Dac, Président du Conseil. L'événement est d'importance. Parmi les heureux élus (au poker-dice), on remarque les noms de Roger Salardenne (ministère du Bœuf en Daube), de Robert Rocca (ministère des Vieux Dentiers et Jaunes d'Œuf) et de Fernand Rauzéna (ministère des Moules à Gaufre et Sinapismes) ».

Hélas ! tout a un terme dans ce bas monde (*« à part le loyer qui en a quatre »*, disait Charles Monselet) et *l'Os à moelle* ne dépassa pas le n° 108. Le vendredi 31 mai 1940, il cessa de paraître. L'heure n'était plus à la rigolade.

Pierre Dac se retrouva en Angleterre après un séjour dans les prisons espagnoles. Il devint l'un de ces Français courageux qui, de Londres, « parlent aux Français ». Les auditeurs de la France occupée ne manquaient pas d'écouter la voix de Pierre Dac leur narrer les déboires de l'armée allemande. Quelques éclats de rire vengeurs faisaient paraître plus courts les jours qui les séparaient encore de la Libération.

En août 1944, le revoici entrant en uniforme de correspondant de guerre dans Paris libéré. Dès le 11 octobre 1945, *l'Os libre* remplace *l'Os à moelle*, sans que ce nouveau journal parvienne jamais à retrouver la folie joyeuse et insouciante de son aîné. La guerre était passée par là. Mais une rencontre décisive avec Francis

Blanche donna naissance en 1951 au plus incroyable, au plus drôle, au plus délirant des feuilletons radiophoniques, *Signé Furax.*

Le générique de l'émission était à lui seul un petit chef-d'œuvre qui se terminait invariablement par cette formule que les plus anciens d'entre nous n'ont sans doute pas oubliée :

– Et de qui, la mise en ondes ?

– Mais de Pierre-Arnaud de Chassy-Poulet !

Malgré le succès, Pierre Dac était resté un homme timide et modeste, presque effacé. Lui qui faisait crouler de rire des salles entières fit même une tentative de suicide avant de mourir de sa belle mort, quelques années plus tard, et ce dans la plus grande discrétion. « *La mort,* avait-il dit, *c'est un manque de savoir-vivre.* »

La mort, qui est parfois pour certains chansonniers et amuseurs le début de l'oubli, semble marquer au contraire pour Pierre Dac le début de la consécration. Les intellectuels qui l'avaient toujours considéré avec un rien de commisération s'aperçurent qu'il était peut-être l'un des maîtres du nonsense, l'héritier direct de Commerson (l'auteur des *Pensées d'un emballeur*), ou d'Henri Monnier (l'inventeur de l'inoubliable Joseph Prudhomme). Espérons toutefois qu'on ne lui fera pas l'injure posthume de faire étudier son œuvre pour l'épreuve du baccalauréat.

Comme son complice Francis Blanche, il n'avait qu'une prétention : faire rire ses amis comme ses contemporains. Francis, qui ne respectait rien, avait invité Pierre Dac à venir se reposer dans sa maison d'Eze-Village, après une méchante dépression au cours de laquelle celui-ci avait essayé de se taillader le poignet avec son rasoir. Lorsque Dac arriva dans la chambre qui lui était réservée, il trouva sur la table un très joli paquet. À l'intérieur, un rasoir électrique accompagné d'une carte affectueuse : « *Mon cher Pierre, pour que tu ne te coupes pas.* » Cette boutade teinte d'humour noir dissimulait la grande tendresse que les deux hommes éprouvaient l'un pour l'autre.

On ne saurait parler de Pierre Dac sans mentionner ses étonnantes inventions : la houille dormante, la peinture au râteau, la confiture de nouilles, la sauce aux câpres sans câpres, le slip à percussion centrale... et surtout le biglotron : « *Le biglotron [...], dans un avenir d'autant plus proche qu'il sera moins éloigné, à l'instar de tout ce qui ne sert à rien ici-bas, est appelé d'une part à servir à tout – ce qui est la moindre des choses – et de l'autre à n'importe quoi, y compris ce qui s'ensuit.* »

Il y avait dans *l'Os à moelle* une rubrique particulièrement attendue chaque semaine, celle des petites annonces, aussi farfelues les unes que les autres :

– On demande des personnes sachant compter jusqu'à dix pour vérification des doigts dans une fabrique de gants.

– On demande cheval sérieux connaissant bien Paris pour faire livraisons seul.

– Écureuil édenté échangerait panache contre casse-noisettes.

– Plongeur de restaurant polyglotte demande place traducteur pour assiette anglaise et salade russe.

– Jugez vous-même. Cours d'assises par correspondance.

– Professeur bègue donne répétitions.

– Concierge demande loge au 7e étage pour descendre le courrier au lieu de le monter.

– Trous pour planter des arbres. Le tombereau : 16,50 F.

– Monsieur atteint strabisme divergent cherche monsieur strabisme convergent pour pouvoir ensemble regarder les choses en face.

– Vous qui partez pour la Croisade, faites-vous habiller chez Godefroy de Bouillon, le spécialiste du veston croisé.

– Mère-grand remplacerait bobinette et chevillette par solide verrou dernier cri. Faire offres.

– Pièces de rechange pour animaux divers. Œil de bœuf : 7 F. Queue de rat : 3 F. Pied de biche : 9 F. Tête de loup : 10 F. Bec de cane : 11 F.

– Monsieur descendant et montant escaliers 4 à 4, cherche appartement dans maison ayant 16, 20 ou 24 marches par étage.

– Petit oiseau sentimental cherche abri dans cage thoracique, près cœur sensible.

– Occasions à saisir de suite, très urgent : occasions de tunnels au mètre :

Tunnel noir : 150 F.
Tunnel très noir : 200 F.
Tunnel très, très noir : 250 F.
Le même, mais plus noir : 300 F.
Tunnel obscur : 400 F.
Tunnel pour combat de nègres : 600 F.
Tunnel noir comme un four : 700 F.

Tunnel noir comme deux fours : 910, 10 F.

Tunnel noir comme trois fours : 711 F.

Modèle au-dessus, supplément de 15 F. par four.

Pâte à noircir les tunnels, le pot : 19 F.

Noir de tunnel, le seau : 75 F.

Lanterne aveugle pour tunnel : 15,15 F.

Lumière noire de rechange, la flamme : 10 sous.

– Offre d'emploi : Grand hôtel Riviera cherche monsieur fiévreux claquant des dents pour emploi coupe-cigare.

– À vendre, cause divorce, thermomètre centigrade, état neuf, tous courants, marquant d'un côté Réaumur et de l'autre Sébastopol.

– À céder thermomètre médical double, pour ménage : 9 F.

Modèle multiforme pour famille nombreuse ou ville de garnison : 11 F.

Le même avec prise pour pick-up : 12, 75 F.

– À vendre, souliers fatigués, la paire : 3,75 F.

Souliers lassés : 19,55 F.

Souliers lassés sans lacets : 1,25 F.

Lacets de souliers lassés : 0,15 F.

– Porte-monnaie étanche, spécial pour argent liquide.

– Paire de jumelles bon état pour cause double emploi. S'adresser à la maternité.

Pierre Dac nous a laissé aussi des *Pensées et maximes* que Vauvenargues n'aurait pas sous-estimées. Voici quelques morceaux choisis de cette pensée dacquienne...

– L'avenir, c'est du passé en préparation.

– Tous pour un, un pour tous et 25 pour 100.

– Une erreur peut devenir exacte selon que celui qui l'a commise s'est trompé ou non.

– Un sens interdit, en somme, ce n'est qu'un sens autorisé, mais pris à l'envers.

– Ceux qui ne savent rien en savent toujours autant que ceux qui n'en savent pas plus qu'eux.

– Donner avec ostentation, ce n'est pas très joli, mais ne rien donner avec discrétion, ça ne vaut guère mieux.

– Si tous ceux qui croient avoir raison n'avaient pas tort, la vérité ne serait pas loin.

– Quand on ne travaillera plus le lendemain des jours de repos, la fatigue sera vaincue.

– Le carré, c'est une circonférence qui a mal tourné.

– Rien ne sert de penser, il faut réfléchir avant.

Pierre Dac se faisait fort de ridiculiser les discours creux, les formules vides, les péroraisons ridicules de certains professionnels de la rhétorique inutile, et tous ceux qui feraient mieux, comme il l'a si bien dit, de *« la fermer avant de l'ouvrir »*.

La France, on le sait, est une terre d'élection(s). Cantonales, Municipales, Législatives et Présidentielles, il n'y a jamais de morte saison en politique. À l'intention des candidats sans imagination, Pierre Dac avait rédigé un discours superbe, parfaitement creux, intemporel à souhait et dépourvu de la moindre signification. Pourtant, sa péroraison, prononcée d'une voix vibrante, ne manquait jamais d'enflammer les cœurs et de susciter les acclamations (poil au croupion). La voici...

Messieurs,

Les circonstances qui nous réunissent aujourd'hui sont de celles dont la gravité ne peut échapper qu'à ceux dont la légèreté et l'incompréhension constituent un conglomérat d'ignorance que nous voulons croire indépendant de leurs justes sentiments. L'exemple glorieux de ceux qui nous ont précédés dans le passé doit être unanimement suivi par ceux qui continueront, dans un proche et lumineux avenir, un présent chargé de promesses que glaneront les générations futures, délivrées à jamais des nuées obscures qui auront en pure perte essayé de semer sous leurs pas les mauvais bergers que la constance et la foi du peuple en ses destinées rendront vaines et illusoires.

C'est pourquoi, Messieurs, je lève mon verre en formant le vœu sincère de voir bientôt se lever le froment de la bonne graine sur les champs arrosés de la promesse formelle enfouie au plus profond de la terre nourricière, reflet intégral d'un idéal et d'une mystique dont la liberté et l'égalité sont les quatre points cardinaux en face d'une fraternité massive, indéfectible, imputrescible et légendaire.

Fermez le ban !

Le 1er avril 1998, on a inauguré, dans le XVIIIe arrondissement, la rue Pierre-Dac. Juste reconnaissance pour un homme qui aurait peut-être mérité un boulevard !

FRANCIS BLANCHE
(1921-1974)

Lorsqu'on lui demandait sa date de naissance, Francis Blanche répondait parfois :

– Je suis né pendant la paix de 18-39.

Ce qui, on l'avouera, manquait de précision. Pour les amateurs de sciences exactes ou les faiseurs d'almanachs, nous ajouterons qu'il vit le jour... pendant la nuit du 21 au 22 juillet 1921.

Francis Blanche était un enfant de la balle, un vrai : son grand-père, François Blanche, avait, au début du siècle, monté au Châtelet la première super-production du théâtre français, *Le Tour du monde en quatre-vingts jours*, dans laquelle il tenait le rôle de Philéas Fogg. Son père, Louis Blanche, avait été un excellent comédien. Son grand-oncle, Louis Varney, était l'auteur des *Mousquetaires au couvent* et du fameux *Chant des Girondins* : « *Mourir pour la patri-i-eu, c'est le sort le plus beau...* » Sa tante, la charmante Catherine Fonteney, lui avait donné ses premières leçons de comédie.

– Chez moi, disait-il, le spectacle n'est pas une vocation ; c'est une charge héréditaire.

Et l'on peut dire qu'il s'acquitta de cette charge avec une conscience qui ne peut que forcer le respect et, plus encore, le rire.

L'humour insolent, insolite, incendiaire, burlesque et irrespectueux que nous aimons aujourd'hui, c'est en grande partie à Francis Blanche que nous le devons. Toute sa vie, il n'a eu de cesse de faire rire et il y est si bien arrivé qu'il n'existe pas de nos jours d'humoriste qui puisse véritablement se réclamer de lui.

Ce diable d'homme s'est essayé à toutes les formes de spectacle et toujours avec bonheur. Passant du cabaret au cinéma, de la chanson au théâtre, de la radio au music-hall, du gag téléphonique à l'opérette, de la poésie à la publicité, il a partout imposé son style, sa marque de fabrique.

Éternel enfant prodige du spectacle, il a ravivé chez les jeunes le goût de la contestation d'une société qu'il traitait par la dérision. Comme le dit fort à propos Claude Villers dans sa préface aux *Pensées de Francis Blanche*, *« Toute une génération a été nourrie au Francis Blanche. »*

Pourtant, en dépit de trente ans passés à faire le saltimbanque, ce touche-à-tout génial n'a jamais connu la consécration officielle qu'il aurait méritée. Trop doué, il lui arrivait de gaspiller son talent et de s'éparpiller, en se faisant au passage étriller par des critiques qui tiennent par-dessus tout à classer chacun selon des critères précis dans des spécialités bien définies. Fort heureusement, le public, lui, n'en avait cure et ne retenait qu'une chose : Francis Blanche savait le faire rire aux éclats…

D'ailleurs, plus d'un quart de siècle après sa mort, il se tord encore de rire en écoutant le disque de son interview du Sâr Rabindranah Duval, ou en revoyant au cinéma le personnage hilarant de Papa Schultz dans *Babette s'en va-t-en guerre*. N'est-ce pas cela, la vraie consécration ?

« *Je suis presque aussi célèbre que De Gaulle,* blaguait-il. *Vous en connaissez, vous, des acteurs dont on a donné le nom à une rue et à une place de Paris... et de leur vivant ?* »

Sa première chanson fut un succès exceptionnel : il l'avait écrite pour la célèbre émission de Saint-Granier, *On chante dans mon quartier*. Et c'est ainsi que, en 1945, toute la France se retrouvait à chanter *Ploum ploum tra la la...*

Déjà, à vingt ans, il écrivait des paroles de chansons pour Charles Trenet : le fameux *Débit de lait, débit de l'eau*, ou encore *Sur le fil*.

Plus tard, il écrira pour Édith Piaf *Le Prisonnier de la tour* (« Si le roi savait ça, Isabelle... »), pour Odette Laure *Ça tourne pas rond dans ma p'tite tête*, pour les Frères Jacques *La Truite* sur une musique de Schubert, et, pour les Quatre Barbus, *La Pince à linge* d'après la *Cinquième symphonie* du regretté Beethoven.

Il commit aussi des chansons pour les Compagnons de la chanson, et pour Colette Renard. Il écrivit même ce petit chef-d'œuvre pour Mylène Demongeot, un moment tentée par la chanson :

Moi, si j'étais un petit (h) oiseau
Je voudrais pas avoir des plumes.
Quand on en a, on a trop chaud,
Quand on n'en a pas, on s'enrhume.
Atchume !

Il se réservait personnellemnt le droit de chanter certaines de ses chansons dont personne ne voulait... Ainsi, la bluette qu'il consacra à Landru, l'assassin à la cuisinière, et qui se terminait par ces mots idylliques :

Qu'il est doux d'avoir un foyer !

Il a même écrit une opérette pour les Frères Jacques dont Guy Lafarge composa la musique : *La Belle Arabelle*. On y trouve l'une de ses plus belles chansons : *Les Boîtes à musique*.

En 1945, il anima avec Pierre Cour sa première grande émission burlesque, l'ancêtre des Branquignols, *Sans rire ni raison*.

C'est au cours de cette émission qu'il prendra l'habitude de lancer ses fameux slogans publicitaires :

– Pour rentrer chez vous, une seule adresse : la vôtre !

– Si vous ne vous sentez pas bien... faites-vous sentir par un autre !

– Madame ! N'achetez plus de tissu écossais. Écossez vous-même vos tissus !

– Étudiants, étudiantes, ne vous présentez plus au bac : prenez le pont de Tancarville.

– Mesdames : si votre poitrine tombe... posez-la par terre !

– Où que vous alliez, où que vous soyez, prenez toujours votre métro à Richelieu-Drouot : Richelieu-Drouot, la station de l'élite.

– Marny... le bas qui fait parler la jambe !

André... la chaussure qui fait parler le pied !

Rasurel... le slip qui fait parler le...

– Producteurs, scénaristes, vedettes de l'écran, exigez pour tous vos films le metteur en scène André Hunebelle !

Ah ! quel plaisir d'avoir Hunebelle ! Ah ! quel plaisir de pouvoir s'en servir !

– Qui aime bien ses lunettes ménage sa monture.

Francis Blanche serait l'auteur de 676 chansons ! Il fut aussi à l'origine de nombre d'émissions dites « radiophoniques », telles *Faites chauffer la colle !*, *Studio 22*, *Le Parti d'en rire*, etc.

Mais ce furent les inénarrables aventures de Furax dans *Malheur aux barbus* (1951) et *Signé Furax* (1956) qui lui valurent sans conteste son plus grand succès.

Toute la France retenait son souffle vers midi pour écouter dans son « transistor » la suite des aventures de l'ignoble Furax. On apprit même qu'un Premier ministre retarda un jour un Conseil important pour ce rendez-vous autrement essentiel avec la dérision et la folie.

Puis, de 1967 à 1972, ce furent, sur Europe 1, *Les Kangourous n'ont pas d'arêtes*. On y entendait Robert Willard – qu'il surnommait Chichinou, allez savoir pourquoi ! – s'étrangler de rire en entendant les très sérieuses publicités de la station mises à mal par Francis.

C'est ainsi que « *Le vin du Rocher, le velours de l'estomac* », devenait « *La satinette de l'œsophage* » sans que les ventes en pâtissent le moins du monde, bien au contraire.

Les auditeurs n'auraient pas manqué non plus pour un pétard le canular téléphonique de la semaine. Il n'hésitait pas, par exemple, à téléphoner à une fabrique d'ouvre-boîtes, où la standardiste s'étranglait en écoutant Francis lui annoncer qu'il avait le doigt pris dans son appareil coincé dans une boîte de petits pois, et lui demander d'être dépanné en urgence !

De même lorsqu'il téléphonait aux Sablières de la Seine :

– Pourriez-vous me livrer du sable ? Serait-il possible de me le livrer à domicile ? C'est au 36, rue de Chevreuse, au sixième étage. Y a pas d'ascenseur.

Le vendeur s'inquiètait.

– Il vous faudrait quelle quantité ?

– Deux kilos ! Je vais vous dire : c'est pour que mon bébé puisse faire des pâtés de sable sur le balcon ! Ah ! j'allais oublier : il faudrait me mettre ce sable dans un sac avec une faveur bleue – c'est pour un garçon !

Et afin que chacun puisse le reconnaître – mais trop tard – , il ponctuait ses canulars par la formule « Bonjour chez vous ! »

Mais la vie quotidienne de Francis Blanche n'était pas aussi drôle que ses sketches ! Pris à la gorge par le percepteur, obligé de payer trois pensions alimentaires, il passait son temps à chercher de l'argent, dépensé avant d'avoir été gagné. Ce galop épuisant d'un gag à l'autre, d'une émission à un canular, d'une chanson à une pièce de théâtre, fut certes à l'origine de textes géniaux... mais aussi de navets, sutout au cinéma. Il en convenait d'ailleurs volontiers, sachant que les metteurs en scène l'utilisaient surtout pour sa silhouette de petit gros marrant. On le vit dans plus d'une centaine de films, parmi lesquels *Tartarin de Tarascon* qu'il tourna lui-même en 1961 et fut un échec cuisant, mais aussi l'inoubliable *Babette s'en va-t-en guerre*, de Christian-Jaque, où l'inquiétant, le grotesque Papa Schultz de la Gestapo faisait avouer à un Japonais qu'il était juif et le menaçait de le *« fusiller sévèrement »*.

Ce petit farceur rondouillard cachait mal un perpétuel inquiet qui plaisantait souvent à propos de la mort, comme pour l'apprivoiser. *« Mon grand-père François Blanche a eu un fils qui n'a pas vécu et qui se prénommait Francis... Ce qui fait que je vais sur la tombe de Francis Blanche, de temps en temps... pour m'habituer. »*

En 1972, il eut un premier infarctus. À peine rétabli, il plaisantait : *« C'est le seul mot irrégulier de la langue française. On dit un infarctus, des obsèques. »*

Et il insistait : *« Crever gros, crever maigre, la seule différence, c'est pour les porteurs. »* Ou encore : *« Si vous n'aimez pas les cercueils, on vous fera monter de la bière ! »*

Comme, en dépit des conseils, il ne modifia en rien le rythme haletant de son existence, un second infarctus, survenu deux ans plus tard, lui fut fatal. Mais il fit des calembours jusqu'à son dernier souffle.

À l'interne qui lui demandait :

– Comment vous sentez-vous ?

Il eut encore la force de répondre :

– Mais, avec mon nez, voyons !

Il mourut en juillet 1974, sans avoir eu le goût ni le temps de vieillir. Il avait 53 ans. *« On n'a que l'âge de ses obsèques »*, avait-il prévenu.

On l'enterra dans le cimetière d'Eze-Village, l'un des plus beaux villages de France, où il s'était acheté une maison. Il s'était préparé une épitaphe... « *pas piquée des vers* », disait-il.

Sur sa tombe, on peut lire en effet ces mots qui résument sa vie agitée :

Laissez-moi dormir, j'étais fait pour ça !

Pour terminer sur une note moins triste, attardons-nous une dernière fois en compagnie de Francis Blanche :

– Je ne sais plus que faire : j'ai consulté deux médecins. Le premier veut m'envoyer à Pau pour une maladie de foie, le second à Foix pour une maladie de peau.

– Je n'ai pas de violon d'Ingres et je le déplore. J'aurais aimé passer mes journées au travail et mes nuits au violon.

– On m'a demandé mon opinion sur le mariage entre comédiens. Je ne peux pas répondre : je n'ai jamais été marié à un comédien et aucun ne me l'a d'ailleurs proposé.

– La ville d'Antibes et la ville de Biot (Alpes-Maritimes) vont fusionner. Leurs habitants s'appelleront désormais les Antibiotiques.

– Vous qui voulez planter des arbres fruitiers dans votre appartement, adressez-vous au greffe du parquet.

« Mon véritable métier, avait-il dit, *est d'écrire : écrire des chansons, des poèmes… écrire à ma famille quand je suis en vacances et, tout de suite après ma mort, écrire mes mémoires. »*

Nous attendons toujours !

Bibliographie

Nous n'avons pas tenu compte dans cette bibliographie des auteurs les plus illustres. En revanche, nous vous proposons celle de ces auteurs méconnus que, nous l'espérons, cet ouvrage vous aura donné envie de découvrir...

ALPHONSE KARR

Voyage autour de mon jardin, Slatkine, 1979.
Sous les tilleuls, Slatkine, 1980.
Trois fées des mers, Corti, 1998.

CAMI

Drames de la vie courante, Har/Po, 1988.
Voyage inouï de monsieur Rikiki, Ramsay, 1989.
Les Aventures de Loufock-Holmès, L'Atalante, 1997.

GASTON DE PAWLOWSKI

Voyage au pays de la quatrième dimension, collection Présence du futur, Denoël, 1962.
Paysages animés, La Bibliothèque, 2003.

FÉLIX FÉNÉON

Œuvres, Gallimard, 1948.
Œuvres plus que complètes, Librairie Droz, 1970.
Au-delà de l'impressionnisme, Hermann, 1966.
Iront-ils au Louvre ? Toguna, 2000.
Nouvelles en trois lignes, Macula, 2002.

NOËLLE AUDEJEAN
Un mot peut en cacher un autre. *Jouons avec le Petit Robert.*
SERGE BEUCLER
Mais où sont les neiges d'antan ? *La littérature en questions.*
ALAIN BLADUCHE-DELAGE
Ici ou Là ? *Les traîtres mots*
GENEVIÈVE DE LA BRETESCHE
Le riz qu'on connaît. *Perles de maternelle..*
SYLVIE BRUNET
D'où ça vient ? *Inventaire du français quotidien.*
JEAN-LOUP CHIFLET
Le Cafard laqué. *Les mots-portemanteaux.*
Et si on appelait un chat un chat ? *Le correctement incorrect.*
Ad aeroportum ! À l'aéroport ! *Le latin d'aujourd'hui.*
Nouilles ou pâtes ? *Le bon sens des mots.*
Mes perles de culture. *Un catalogue déraisonné.*
Wit spirit. *L'humour anglo-saxon.*
Wit spirit 2.
L'Almanach Chiflet 2001.
Sky Blake ! Ciel Mortimer !
On ne badine pas avec l'humour. *De l'humour et de sa nécessité.*
Schtroumpfez-vous français ? *Dictionnaire franco-schtroumpf.*
Antigone de la nouille. *Perles de librairie.*
J'ai un mot à vous dire. *Un mot se raconte.*
Réflexions faites... *et autres libres pensées.*
JEAN-LOUP CHIFLET/CABU
Roger au pays des mots. *Comment survivre dans la jungle du vocabulaire du XXIe siècle.*
JEAN-LOUP CHIFLET/NATHALIE KRISTY
Le Mokimanké. *Le dictionnaire des mots qui existent enfin !*
MARYZ COURBERAND
Il baissa sa culotte... et dans mon estime. *Bizarreries de langage.*
Voulez-vous valser, grammaires ? *Les contretemps des manuels.*

Il remonta ma culotte et son réveille-matin. *Bizarreries de langage (2).*

Michel Courot

Le nyctalope et les phylactères. *Dictées subtiles et malicieuses.*

Patrice Delbourg

À bribes abattues. *Fantaisies et facéties littéraires.*

Alain Duchesne et Thierry Leguay

Qu'est-ce qu'un écrivain ? *Petits secrets de la création littéraire.*

Marie-Anne Dujarier

Il faut réduire les affectifs. *Petit lexique de management.*

Pierre Enckel

Médor, Pupuce, Mirza, Rintintin et les autres. *Le dictionnaire des noms de chiens.*

Nathalie Kristy

Mais où est donc Ornicar ? *Souvenons-nous des aide-mémoire.*

Pierre Laurendeau/Patrick Boman

L'autopsie confirme le décès. *Éloge de la correction.*

Thierry Leguay

Les poules du couvent couvent. *Les curiosités du français.*

Dans quel état j'erre ? *Trésors de l'homophonie.*

Sophie Massieu

Il n'y a que braille qui m'aille... *À vue de mots.*

Christian Moncelet

My fer lady ! *Et autres bonheurs d'expression.*

Laurent Moussard/Florence Montagner

À vendre, invendus. *Petites annonces équivoques.*

Jean-Claude Raimbault

Si mon dico m'était conté... *Un siècle de définitions.*

Yak Rivais

Vous me la copierez 300 fois. *L'art d'accommoder une phrase.*

Des lecteurs de Sud-Ouest Dimanche

Mais que fait l'Académie ? *Le dictionnaire des mots qui devraient exister.*

Impression réalisée sur CAMERON par

BRODARD & TAUPIN

GROUPE CPI

La Flèche
en octobre 2003

Imprimé en France
N° d'impression : 20467
Dépôt légal : octobre 2003